钦州学院马克思主义学院学术著作出版资助基金资助

世界体系的
马克思主义
理论研究

曲 艺◎著

（钦州学院）

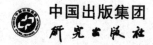

中国出版集团
研究出版社

图书在版编目（CIP）数据

世界体系的马克思主义理论研究 / 曲艺著 . —— 北京：
研究出版社 , 2018.11
ISBN 978-7-5199-0377-0

Ⅰ.①世…　Ⅱ.①曲…　Ⅲ.①新马克思主义—研究
Ⅳ.①D089

中国版本图书馆 CIP 数据核字 (2018) 第 274939 号

···

出 品 人：赵卜慧
出版策划：杨　斌
责任编辑：张立明
助理编辑：王莉莉

世界体系的马克思主义理论研究

作　　者：曲　艺
出版发行：研究出版社
地　　址：北京市朝阳区安定门外安华里 504 号 A 楼
邮政编码：100011
电　　话：010—53399376(发行中心)　　　63055259(总编室)
网　　站：www.yaijiupuh.com
印　　制：廊坊市海涛印刷有限公司
开　　本：710×1000mm　1/16
印　　张：9.5
字　　数：164 千字
版　　次：2018 年 11 月第 1 版　2021 年 7 月第 2 次印刷
书　　号：ISBN 978-7-5199-0377-0
定　　价：38.00 元

前 言

　　世界体系的马克思主义产生于20世纪70年代，是在资本主义全球化迅速发展时期所出现的一个理论学派，是世界范围马克思主义理论学说复兴的一个组成部分，属于新的马克思主义中的一个类型，属于西方的马克思主义理论流派之一。被誉为世界体系的马克思主义的学术旨趣在于，它展开了对世界体系的资本主义现状和历史的总体性研究，反映了要求化解南北矛盾、超越世界资本主义体系、建构世界和谐的人类理想和社会发展愿景。

　　世界体系的马克思主义理论是由沃勒斯坦奠定的，世界体系的马克思主义理论可以理解为西方的马克思主义理论流派其中之一。在对资本主义世界体系的认识上，此理论对经典的马克思主义展开了修正，并且用折中的形式对马克思与卢森堡关于资本累积理论、列宁与卢森堡剩余价值理论等进行了继承。

　　此外，阿瑞吉和弗兰克等西方其他学者在探讨世界体系问题上也都分别做出了自己的探讨和独特的学术贡献。阿瑞吉在探究全球化资本主义体系扩张的发展动力问题，全球资本主义体系扩张的实质，以及对反体系运动的理论认识，中国崛起与未来世界体系的更迭，关于马克思学说有效性的问题做出了自己的贡献；弗兰克在世界体系的主要周期节奏，全球资本主义体系扩张内源性动力问题上进行了独特的理论思考，提出了很多有价值的思想。具体言之，本论文主要探究了以下几个方面的问题：

　　首先，本论文阐述了世界体系的马克思主义理论的含义及其理论渊源问题。论文梳理了世界体系的马克思主义产生的历史进程，在此基础上对世界体系的马克思主义理论的概念进行了界定。第二次世界大战之后，全球迈入了较为和平稳定的发展阶段，脱离了西方殖民主义掌握的亚非拉民族独立国家，努力探索自己国家的现代化发展道路，它们把主要精神放在了推动自己国家的社会变化迁移的实践，这样的实践引起了国际社会的极大关注，一些西方社会科学家对此不断地开展了讨论。关于世界体系这一概念并不是率先由沃勒斯坦所提出来的，实际上，卢森堡的依附理论、西方的现代化理论、资本积累的理论等都是较早地探讨了这一概念。在卢森堡看来，世界体系其实就是世界的整体，其生存前提是以资本主义的世界和非资本主义的环境为基础的，由于资本主义的生存并非通过自身内部的力量，而是主要依靠着非资本主义世界中的原材料、市场及资本的积累多方面因素的支撑才能够得以实现的。

第二，论文重点分析了世界体系的马克思主义代表人物沃勒斯坦的理论，论文梳理了沃勒斯坦的世界体系的马克思主义生成的历史背景及产生的理论渊源，在此基础上深入开展了对沃勒斯坦的世界体系的马克思主义的理论研究。沃勒斯坦通过游历加纳、法属阿尔及利亚以及西非海岸等国家，实地考察了解到了非洲的殖民主义的统治之现状，通过研究非洲殖民主义这样的现实切入点，沃勒斯坦从马克思原著之中获取了灵感，达到了对世界体系的理论解析。沃勒斯坦认为，资本的主要的社会组织的形式便是其所谓的世界体系。当代的世界体系其实属于世界经济的体系，始于16世纪欧洲的世界体系逐渐扩展到了当代全球所有的地区与角落；沃勒斯坦认为，变化中的世界体系会呈现出周期性结构，体系当中制度也在不断地进行创新。按照沃勒斯坦的观点，任何事物都是发展变化的。需要采用历史性之态度去看待问题，去理解社会的体制变化；在世界体系的基本结构问题上，沃勒斯坦发展了三个地带划分理论。

第三，论文深入研究了阿瑞吉的世界体系理论。论文对阿瑞吉思想形成的背景与理论渊源进行了简要的梳理，在此基础上对其世界体系的马克思主义的具体理论内容进行了探究和阐释。在全球资本主义体系扩张发展动力的问题上，阿瑞吉主张，资本主义的金融扩张才是全球资本主义的体系扩张的内部动力，霸权基本上源于这种扩张体系的需求，倘若没有资本的扩张，霸权也就没有产生的可能；阿瑞吉认为，全球资本主义体系扩张的实质，就是实现所谓的自由贸易。帝国主义自由的贸易体制是全球资本主义的体系之载体。若想对世界不平等的状况进行消除，首先必须消灭帝国主义的自由贸易体系；在对反体系运动的认识上，阿瑞吉提出，反体系的运动与阶级斗争是不同的，与民族的解放斗争也不相同。对于阶级斗争来说，它不但在现代的世界体系当中存在，并且成为日趋复杂的一种力量，反体系的运动就是要求建立一种平等的世界新秩序、新的世界体系；在当今的世界体系的演进中，处于改革开放和快速发展中的中国的崛起影响世界体系巨变的新生变量。阿瑞吉研究了中国崛起与未来世界体系的更迭关系。阿瑞吉关于中国崛起的理论是其世界体系理论当中的有机组成部分，阿瑞吉研究了世界体系演进过程中中国崛起的主要原因，尝试揭示出中国特色的发展道路的独特价值，做出了现代的世界体系极有可能会朝着中国崛起的道路前行的判断；关于马克思学说的现实有效性问题，阿瑞吉认为，20 世纪 60 年代以前，人们着眼于马克思学说对生产场所的劳动过程和阶级冲突的解释效力，却忽视了对"隐蔽的生产场所"及阶级冲突的马克思主义解释。阿瑞吉认为，马克思关于资本主义发展趋势的思考实质上是最早的关于全球化的理论探索。

第四，对弗兰克的世界体系理论进行了比较性研究。论文分析了弗兰克世界体系论产生的历史背景与思想渊源。安德烈·冈德·弗兰克本是依附论的主要创立者，其对依附论的完善有着很大的学术贡献。弗兰克的思想成长大概可以划分为西方正统的发展理论、依附论、全球资本主义危机理论与世界体系论四个时期，在不同的各个时期，他都有很多的作品诞生。历史唯物主义政治经济学和人类中心主义是弗兰克构建其世界体系论的理论基础和独特的概念分析框架、问题研究的分析方法。弗兰克一直把历史唯物主义，作为自己的思想基石，依据历史唯物主义提出世界发展的源泉在于资本积累，资本积累不是现代世界政治经济所专有，而是在此之前就存在着；替代西方中心主义的人类中心主义是弗兰克构建其世界体系论的新视域与新的分析方法。弗兰克认为，把人类作为中心而不是把欧洲作为中心的世界历史可以给新的全球实践供应新的基础性知识，他摒弃了实体论者所秉持的文明与民族的想法，还运用结构主义方式解析不停变化的经济政治的情形。论文是在弗兰克与沃勒斯坦世界体系的马克思主义理论的比较分析中，来确认弗兰克在构建世界体系的马克思主义方面的新贡献的。在对世界体系的内涵与特征方面的不同界定方面，沃勒斯坦认为，全球体系应该是现代资本主义体系与世界帝国两部分，二者都是把1500 年作为其分水岭；而弗兰克世界体系仅是一个，1500 年的前后并无质的差别，并且为连续的。关于世界体系的主要结构方面二人也存在差异性认识。

第五，论文对世界体系的马克思主义理论进行了概括性的总体评价。论文分析了其理论价值和理论局限性。本文认为，世界体系的马克思主义其理论价值主要有以下几点：第一，世界体系的马克思主义其理论价值在于深化了对当代西方资本主义的理论批评。沃勒斯坦曾认为："就我或者就任何人而言，这样的寻求不仅为学术性的还是政治性的，我一直认为这样寻求的政治性与学术性是同时存在的，不会是单独存在的。"阿瑞吉主张，马克思的资本主义的经济危机基本针对的是物质的扩张，理论主要是生产过剩的危机，从表面看来，此种理论在当代的经济危机前似乎已经没有解释力了，但是从实际的情况去看，马克思的危机理论主要建立于马克思资本一般公式基础上，这就使马克思危机理论不但要对物质的扩张进行探讨，并且还需要对金融的扩张进行探讨；弗兰克认为，西方的资本主义国家竭尽全力地神化与美化西方的道路与价值观念，且明显地把世界范围的依附性的积累说与两极分化认为是理所当然的，把不公平的交易与资本主义的霸权行径看成是保护世界民主与和平秩序，这是十分荒谬的。第二，世界体系的马克思主义修正和创新性构建了西方社会科学方法论，突破了西方主流社会科学方法论里面的欧洲中心主义分析视域。

最后，论文分析了世界体系的马克思主义的局限性。世界体系的马克思主义也具有鲜明的理论局限，虽然世界体系的马克思主义理论对于当代的马克思主义发展有着极其重要的作用，但是其本身仍然存在理论的困境与分裂的因素。理论局限性主要表现三个方面：第一，没有最终突破狭隘的欧洲中心主义窠臼，虽然沃勒斯坦世界体系的马克思主义理论吸收与借鉴了马克思的基本观点与方法，对于资本主义不平等的现状与制度展开了有力的批判，尤其是对欧洲中心主义进行了全面的批判，为研究欧洲问题提出一个具有革命性质的框架。但是由于其对于马克思的世界历史的整体性理解产生偏差以及对现代化进程的片面化认识，将现代化和资本主义化等同，现代性和资本主义性进行等同，最终使现代的世界体系生成与发展依然是依照中心国家当中的资产阶级愿望去塑造。所以，他并没有跳出欧洲的中心主义之窠臼，本质上来说就是一个被蒙蔽的欧洲中心主义，依旧处在欧洲中心主义笼罩的阴影下，且最后在历史体系之构建方面陷入欧洲中心主义困境当中不能自拔。第二，历史观中的虚无主义与消极悲观主义，因其忽略了对有关社会主义的生产方式创建基础的了解，最后导致了关于将来社会主义世界秩序的规划上面很大程度上不遵守真实，抽象虚无好似海市蜃楼，并且再次陷进历史虚无主义的窘况；第三，世界体系的马克思主义具有模糊的乌托邦理论特质，过分地强调了世界体系的链条相同性，忽略了此链条当中薄弱的环节，进而在某种程度中忽视了列宁一国建成社会主义之思想，这极有可能把世界各国的劳动人民重新抛入新乌托邦的幻想之中。

从总体上来看，以沃勒斯坦为代表所创建的世界体系理论以其独特之视角，对于马克思世界历史理论展开了深刻的论述，世界体系的马克思主义理论预示着社会发展的理论学说进入一个全新时期。沃勒斯坦创建的世界体系理论宏伟的框架、博大精深的理论，阿瑞吉关于中国崛起的理论，以及弗兰克5000年世界体系理论均吸引了很多理论学家的重视。

目 录
CONTENTS

第 1 章 绪论

1.1 选题的背景及意义

1.1.1 选题的背景

第二次世界大战结束之后，亚非拉有许多的发展中国家都迈上了国家争取独立的民主道路，寻求独立的国家纷纷展开了契合自身发展道路的探索。美国政府防备各个崛起的独立国家走苏联模式的社会主义的发展道路，其主动地激励与捐资并帮助研究者们去探寻第三世界国家的各方面发展情况，以及提供了可以实行的现代化规划。通过归纳汇总西方的现代化发展的经验，许多学者由社会、政治与经济等不同的视域探索讨论了世界大战后很多发展中的国家面对的问题与发展出路等许多的情况，给很多的新崛起的追求独立民主的国家与第三世界国家提出了比较现代化的规划。这里面就涵盖了罗托斯的经济成长理论，以阿尔蒙为代表的政治的现代化、帕金森为代表的社会的现代化理论等一部分经典式的现代化理论。他们倡导把国家作为基本的解析单位，且把新崛起的独立的国家与发展中的国家长时间存在的滞后现状，归结成传统文化以及社会的制度等方面条件的制衡，即一起指向了此部分国家在不停地遵守着发达的国家曾经走过的现代化的发展路线，尽力地学习当今西方的先进的制度体系，且清除自己国内的阻碍，进而迅速地达到发达国家的现代化的目标。

在 20 世纪 60 年代的后期，国际领域内出现了南北之间的差距不断增大、反对帝国主义的战争、民族民主运动等诸多现象和问题，实际经典理论无法给予科学合理的阐释，进而导致人民对其的怀疑。这个时候美国和苏联的争霸过程里面处于劣势的状况，这个时候美国国内呈现了系列的校园抗争运动与反歧视的活动，这进而加重了人民有关传统的现代化的理论评判与怀疑。有关经典的现代化理论的蜕变与反省，依附的理论从整体的角度对国际的经济体系进行了审视，把针对广大的发展中国家的现代化研究框架放在更为敞开的外在的环境之下，给整个世界视域下寻找了许多发展中国家的现代化的路线提供了极其重要的理论支撑。然而前一个世纪的70年代，依附理论没有办法科学合理地解释东亚的兴起问题，它自身适用领域的不足性显露无遗。此番的情形之下，学术领域呈现了极其激烈地否认现代化的潮流，一部分学者开始转向马克思主义，试图可以在马克思主义的理论里面找到与解决当代的社会进步发展问题的一部分的方法与提案。里面的一部分被认为是新的马克思主义的学者，特别是以沃勒斯坦为代表人物的探究学者在继承马克思主义的理论与现代化的理论的基石之上，提出了较为有名的理论，也就是世界体系的马克思主义的理论。

从理论的来源来说，世界体系的马克思主义的理论应是吸纳了法国年鉴学派理论、康德拉耶夫的周期理论、马克思关于资本积累理论与依附理论的中心—边缘的理论范式。沃勒斯坦打破了传统的社会科学的局限，且在此基础上倡导历史体系为基本的单位，针对当今的世界体系必须展开长时段与广领域的探究，且从制度性的评判角度进而解析现代化的问题，经由对社会进步发展的一部分问题与当代资本主义制度二者的批评关联在一起，进而主张一样新的社会科学的探究模式。价值的要求方面，世界体系的马克思主义学者否定了现代化，进而解释了现代化下的世界领域内展开的文明、经济、政治的三个维度，倡导并重构了21世纪的社会科学，给平等价值的达成与历史体系的构建准备了理论支柱，同样给全方位了解现代化的问题供应了探究的路线。

虽然以沃勒斯坦为代表人物的世界体系的马克思主义理论存在一定的局限性，但是这个理论更深入地体现了马克思主义理论的当代的价值与时代的精神，不仅成为全球化背景下更深层次地探索讨论发展中国家与国际领域间历史演化的重要借鉴，同样成为许多发展中国家掌握此种重大的战略机遇期与主动探索较为适合自身发展的特色的现代化的社会主义的发展进步模式的借鉴经验。

1.1.2 选题的意义

可以看出，人们把世界体系的马克思主义看作当代的国外马克思主义的一种新的思想理论，这本身其实就是一个非常合理的选择和比较客观的判断。但是，迄今为止仅有很少的一部分学者，对世界体系的马克思主义进行了初步的探讨与认可，此种探究情形跟世界体系的马克思主义理论的真实状况与影响是不对应的，形成此番情形的原因主要为以下几方面：第一，学者们的探究程度不大。从上世纪 90 年代开始至今，尽管许多国内学者主动参加探究且宣传了世界体系的马克思主义的理论，还发表了 80 多篇文章，然而里面真正探讨世界体系马克思主义理论的文章却仅有几篇而已。第二，在这个之前的一部分探究因为缺乏体系的解析，更长时间的还停在空洞的概念上面，且没能开展体系性的深入的理论研究。第三，大部分的钻研探究者针对世界体系的马克思主义理论的钻研探究实际是贫乏的，还深受自己的探究方式与学科视角的束缚。因而，学者们不但不应该去减弱，而且还要尽可能地想尽办法提高针对世界体系的马克思主义理论的体系性的探索研究。

第一，确立且增强有关世界体系的马克思主义理论的探究，有益于人们由学理上补充自己国家的学者有关国外的新的马克思主义理论的区分手段。自从西方的马克思主义产生以来，呈现出了多种多样的派别与多元化的学术探究的现象，但是排除个别的思潮是较为稳定与统一的，大多数的探究实际上较为零散。尽管如此，人们仍然在运用思潮这个词汇来掌握极多的国外的马克思主义的有关理论，原因在于多种多样的外国的马克思主义学说的理论，完全是想把西方不一样的学术思潮理论与方法跟马克思主义的理论融合在一起。人们从西方的马克思主义理论思潮及其学派的划分上面极易发现，组成此种西方的马克思主义理论思潮都需要具有下面几个因素：一、可以运用某个西方的学术理论思潮与手段进而补充、修改与完善马克思主义；二、用马克思主义方法论去补充与完善某个西方的学术理论的潮流；三、运用新的马克思主义理论与手段考察当代的资本主义社会的状况。世界体系的马克思主义不仅具有了上面的三个要素，还仍需具有其他的较为重要的因素。总的来说，实际上在 20 世纪 70 年代的时候，世界体系理论就已出现，历经了 30 多年时间的变化发展，其理论和手段逐渐地完善与成熟，被世界学术领域称为世界体系的理论学派。此流派拥有许多具有国际学术威名的社会科学的理论者，例如弗兰克、阿瑞吉、沃勒斯坦与霍普金斯等人，其主体的探究内容为世界体系的解析、半边缘、中心与边缘、世界体系等，它中心的探究方法是一体化的学科探究手段与否定的思维模式。沃勒斯坦的作品不少，其代表性的著作有《世界一体化的挑战》《自由主义的终结》《全球化与世界体系》《历史资本主义》《所知世界的终结》《开放的社会科学》《现代世界体系的混沌与治理》《现代世界体系》等。1976 年前后，沃勒斯坦在纽约州立大学宾厄姆顿分校创建了学术期刊《评论》，且让其成为学术研究探讨的平台，其被称为布罗代尔经济、历史体系和文明研究中心。这个中心被认为是整个世界体系理论探究的基石，这个中心制度的学术活动被看作美国社会协会里面的一个分叉。由此可知，作为世界领域内的学术理论，世界体系马克思主义的理论学派产生于世界体系理论的基石之上，极为重要的是此理论同样与法兰克福学派一样，它们都与马克思主义理论有着理论的关联，世界体系的马克思主义理论学派不但借用马克思主义的理论进行修改、弥补与完善世界体系的理论，还主动地运用世界体系解析理论进行修改与思考马克思主义的传统理论，更深层次的具体仔细地探察了资本主义的特点、现状与将来趋势，并且还深层次的考虑了社会主义的实践与理论问题。因此，世界体系马克思主义的理论其实质是马克思主义理论的更深层次的变化发展。由上可知，人们通过所知的方法可以评判新的马克思主义理论与了解世界体系的马克思主义。

　　第二，提升了有关世界体系的马克思主义的探究，有益于人们由基本的理论基石上面，强化与完善中国理论探究者针对当代的外国马克思主义理论的探寻。理论探究层面，中国的探究者也以一些较为相近的学科深入地探寻了有关世界体系的马克思主义的一部分基础理论，并取得了一些理论探究的成绩，比如，中国的史学领域就有关西方的马克思主义的理论流派展开了确认，且确认了世界政治学术领域有关世界体系理论为新的马克思主义理论；还比如，中国关于国外马克思主义探究的学者，较少的学者极其准确地提出了且初始地确认了世界体系马克思主义的理论学派。此部分学者讨论主要集聚在依附理论的出现、演绎变化、代表人物与其理论倡导方面以及有关世界体系理论的主要论点上面。然而，实际的具体的探究与讨论关于世界体系的马克思主义理论思潮的视角下涵盖其逻辑的产生、理论的特点、人物代表、理论主题、学术机构与探究方式等基本问题的主要内容，还需要进一步加强提高。有鉴于此，需要我们主动围绕着世界体系的马克思主义进行体系的有关新的马克思主义理论展开探寻。令人关注的是，世界体系的马克思主义在一体化的学科门类探究的视角下对马克思主义的传统的理论与当代的价值问题、传统的社会主义理论与实践的问题、马克思主义本质与内涵的问题、资本主义实践与理论的问题、全球化与现代化的问题、世界和平与发展的问题，还有20世纪社会主义与资本主义对峙的问题、马克思主义与自由主义间抗衡的问题、苏联东欧社会主义国家灭亡与美国世界霸权体系衰退问题等，其不但揭示了资本主义的发展进步是建立在不公正、公平交换与长时间地攫取广大发展中国家与剩余价值的基石上面，而且还揭示了资本主义发生的结构性危机会致使资本主义国家的必然灭亡与必被社会主义所取代的历史发展的合理性和必然性。资本主义由此可知，提高有关世界体系的马克思主义的理论探索研究，一定程度上面定会影响着人们有关西方马克思主义的传统认识，刺激了中国有关外国马克思主义的探究手段和方式的革新。一面需要主动探寻 70 年代后新的马克思主义的多样化的理论本质与格局，另一面需谨慎细致地整合与汇总 70 年代后新的马克思主义创建的较为多样化的探究视域与方法。需要我们遵守一体化的学科样式，主动结合其他的学科门类理论，尽力地展开系列的深入探究，一样可以深化与加速世界体系的马克思主义理论的探寻工作，还可以弥补其他学科门类理论探究的不足。

第三，提高有关世界体系的马克思主义理论的探究，有益于人们掌握由问题的结构上面加强与完善本国的探究者针对当代外国的马克思主义理论。着重展开有关世界体系的马克思主义系统性探究，此实际上为世界体系的马克思主义探究这个内容结构的进程里面揭露了前一个世纪 70 年代后崛起的依附理论、世界体系理论、新发展的理论实质的含义仍然为新的马克思主义的范畴。之前，中国的学术领域有着这样的论点，就是西方的马克思主义直至 20 世纪 70 年代的开始走向了结束，即 70 年代后出现的新的马克思主义理论不属于西方的马克思主义的理论领域。然而，此认识受到一部分探究者的否定，他们指出，20 世纪后 30 年代出现的新的马克思主义理论尽管表现出当代的西方马克思主义理论的转变，但这种转变不是西方的马克思主义自身的结束，而是进入较为多样化的发展时期，仅是象征着外国马克思主义的理论变化发展与昌盛。由问题的结构上面可以看到，从 20 世纪 70 年代后崛起的很多新的理论，比如新的马克思主义的历史理论、发展的理论与政治的理论等，即使它在自身的探究手段与理论形态上面不一样，也许差异还很大，然而事实上它们仍在新的马克思主义的范畴以内，主要原因在于它们每个理论的内部深入完全有着新的马克思主义的结构。由这个层面上来看，无论 70 年代后新的马克思主义显露出怎么繁杂的情形，人们都可以由问题的结构上面把它看作新的马克思主义理论。事实上这告诉大家，虽然外国的马克思主义的理论在 70 年代左右不一样，但是新的马克思主义和以前的西方的马克思主义仍然是有关联的。因而，我们不可以运用 20 世纪 70 年代以前的哲学视域下的西方的马克思主义否定多样化视域下的当代的新的马克思主义理论，还同样不可以用新左派和老左派的划分进而区分当代新的马克思主义理论与西方的马克思主义的分歧，理应把 70 年代后新的马克思主义理论放到外国的马克思主义的问题探究结构里面认识了解与考查，只有如此，才可以较为科学合理地揭示出来其本真的内涵与价值精神。

1.2 国内外研究综述

1.2.1 国外研究现状

从 20 世纪 70 年代开始，以美国的宾厄姆顿大学布罗代尔经济历史体系文明研究中心为探究基地，沃勒斯坦、霍普金斯、阿瑞吉、弗兰克等一部分学者运用马克思主义的理论与手段发展世界体系理论，且修改传统的马克思主义，形成了世界体系的马克思主义的理论。法农指出，在 70 年代世界体系理论是作为马克思主义理论知识的兴起的一个方面产生的。世界体系理论整合了马克思主义理论的手段的主要因素与基本的方法，吸取了马克思主义理论传统之中的部分的原有的形式，进而创造出了现代化理论的替代理论。世界体系理论体现了延续、修改与综合此前成果的明确的实验。在法农眼里，由于马克思的影响，沃勒斯坦才实现了有关世界体系的理论的思索。詹奥西一样认为："也许运用新的马克思主义的剩余转移含义的作品作为沃勒斯坦关于资本主义世界经济的名为《现代世界体系》的著作，由总结许多马克思主义跟新的马克思主义的观点，把世界的不公正、公平的收入纳入历史视域里面，沃勒斯坦的探究成为布满艰难困苦探索的经典代表，里面有关经济与政治之间的关系充斥着准确精准的看法。"欧·曼德尔认为：就一般而言，两个不一样的时间架构里面的平均利润率的变化与波动在马克思主义的经济解析里面已考虑过，一是经济周期这个架子，二是资本主义的制度生命期限的架子。由此可知，大部分的学术研究者明显确定认可了世界体系的理论为一种新的马克思主义理论，确定了新的马克思主义为其主要的理论特点。然而令人遗憾的是，此类探究完全没有更进一层地考虑到世界体系的马克思主义理论的基础内容。

沃勒斯坦作为这个理论的奠基者，在 20 世纪的五六十年代的时候，其就积极主动地投入到西方的现代化的市场经济理论、马克思批评精神和大历史视域有关非洲的贫穷落后的问题、中心—边缘的理论、不平等的发展理论、年鉴学派长时段探究手段、西方的传统马克思主义激进批判主义的理论、世界的资本主义演绎变化规律和特征探究，在此基础上，创立了世界体系解析的理论模式。1974 年，沃勒斯坦出版了第一卷的《现代世界体系》，其是这个理论正式问世的标志。直至 20 世纪 80

年代后期，第三卷《现代世界体系》出版，此著作与其他的著作一起解读了世界体系的马克思主义理论的价值取向、主题与手段等主要内容的规范性。在这个阶段，霍普金斯、多斯桑托斯、彼得拉什、法农、阿瑞吉、阿明等国际领域最为有名的学者们也都通过不一样的途径进入这个理论的探究工作之中。从 20 世纪 90 年代后，研究学者们在世界体系的解析模式指引下，一面不停深层次地探寻了东欧剧变与苏联解体的深领域的原因及其对世界历史发展变化进程的重大的影响，另一面比较详细地探究了西方资本主义阵营含有的不正常的现象及其对世界历史的发展造成的无法判断的影响，促进了这种理论的不断深刻与丰富化。当历史迈向 21 世纪的时候，现代世界体系比较动荡而并非平静。世界体系的马克思主义研究人员重点对美国世界的霸权衰退、资本主义领域的世界体系的衰弱周期、社会主义的世界体系崛起、中国的繁荣兴起及其对世界的影响、当代的社会科学的知识—体化进程等诸多问题进行了考察。这个阶段的思想成果进一步地对世界体系分析研究范式的理论含义与实践意义进行了深化，强化了此种研究范式同马克思主义理论结合的深度，同时也彰显了马克思的当代价值。

1.2.2 国内研究现状

到目前为止，中国的理论界有关世界体系的马克思主义理论探寻研究是极其令人注意的。从现在的现状来看，中国的研究者对这个新马克思主义的理论之理解其实也是有所不同、见仁见智的，然而针对此类问题的探索研究在一定程度上来看给人们确认与保证此学派提供了一部分的论证性思路。

在中国的史学领域里面一直存有一个权威性的论点，那是世界体系理论实际上为西方的马克思主义史学领域的一个派别。大家都知道，世界体系理论被认为是当代世界的学术领域公开承认的极其重要的理论派别里的其中一个。中国的国际史学很早就开始探索研究世界体系理论了，尽管没正式地提出世界体系的马克思主义学术含义，但是一部分学术探究者已明晰准确地提出了世界体系理论为西方的马克思主义史学派别之一。比如，江华学者在《世界体系理论研究》的书中指出，作为西方的马克思主义理论里面的派别之一，沃勒斯坦自己倒向马克思主义的精神和理论，而不是被束缚于书本。著名学者张广智较为认可江华的论点，其认为，沃勒斯坦倡导的世界体系理论里面涵盖着极其丰富的思想内容，它一定要吸取与改造前人与同代的理论文化里面较为具有价值的思想内涵，这个理论与法国年鉴学派有着明显的关联，即继承了现代化的理论与依附理论，然而令人瞩目的是，它与马克思主义的思想的相互联系。一直以来，西方的学术研究者把沃勒斯坦的世界体系理论当成新的马克思主义或当代的马克思主义理论派别。最令人关注的是，其号称沃勒斯坦的世界体系理论为西方的马克思主义派别之一。事实上，国内的史学领域并没直接地探索研究世界体系的马克思主义有关重要内容，例如理论的探究主题、特点和手段、逻辑的产生与学术的影响等。

赵自勇、庞卓恒、吴瑛、焦建华、王正毅等学者们用新的马克思主义理论认识、了解与阐释世界体系理论。在这部分学者看来，沃勒斯坦的世界体系的马克思主义理论被世界的学术领域公开承认为"新"的马克思主义理论，主要原因在于它所带有的马克思主义的因素。事实上，中国学者的判断与世界上主流学术领域的认识是相同的。在世界学术领域范围内，很多比较具有权威的论点一般都是把这个理论作为新的马克思主义理论展开探讨的。

比如，法农认为："世界体系理论在70年代的时候作为马克思主义知识崛起的部分内容而产生的。"世界体系理论整编融合了马克思主义理论方法的主要条件与基本的手段，吸取了马克思主义传统里面的部分模式，进而创新出一种现代化的理论的代替理论。世界体系理论体现着综合、延续与修正这部分之前成果的明晰准确的实验。在法农看来，由于马克思主义的影响，沃勒斯坦才实现了世界体系理论的思索。一部分研究者采用了"历史导向的马克思主义""现代马克思主义""新马克思主义"用来称呼世界体系理论。还有一部分的研究者指出了世界体系理论和马克思主义间的部分重要的理论关系。例如，霍普金斯说："马克思的资本主义的资本积累可以作为我们的出发点，原因有以下两个：一为它是世界体系发展这个问题的核心部分；另一个是它的视域，其理论为此主题的独一主要的理论，无论是含蓄还是确定，都不是关于国家的发展变化，而是涉及总体的资本主义的发展变化，可以这样理解，就好像我们决定把它阐释为有关世界范围内的资本主义的发展的理论。"詹奥西也认为，或许可以借用新的马克思主义的剩余转移含义，最具代表的著作为沃勒斯坦的有关资本主义的世界经济的著作即《现代世界体系》。经汇总许多马克思主义与新马克思主义的论点，把国际收支的不公正、不公平放到历史的视域里面，沃勒斯坦的探究作为充满艰难的探寻的典范，里面有关政治与经济的联系充满了真知灼见。欧·曼德尔认为，通常地讲，马克思的经济解析已注意了两个不一样的时间框架里面的平均利润率的变化：一是经济的周期这个框架；二是资本主义制度的寿命期限这个框架。因而，大部分研究者会明晰准确地认可世界体系理论作为一个新的马克思主义的理论，认定新的马克思主义是其关键的理论特点。然而令人遗憾的是，此类探究完全没有更进一步地系统地考虑世界体系的马克思主义的基本内容。再次，引人注意的是，从 20 世纪 90 年代中期以来，我国的部分学者明确地运用"世界体系的马克思主义"这个称呼来确认沃勒斯坦的世界体系的理论与阿明等研究者的依附理论。"世界体系的马克思主义"最早曾在曾枝盛先生所做的《20 世纪末国外马克思主义纲要》书中出现。曾枝盛先生认为："'世界体系的马克思主义'是被国外称作'新的马克思主义者'的有关资本主义世界体系历史跟状况开展探究的理论派别。这部分'新的马克思主义者'指出，资本主义系统无法独立的解析，理应将其放在更加广阔的世界脉络里面考察。只有在此脉络里面，才可以阐释包含资本主义经济不正常水平的提高与发展在里面的最为明显的特点。"曾枝盛还指出，世界体系的马克思主义由世界体系理论与依附理论组成，沃勒斯坦则为这一思潮的最大代表，此思潮的代表性作品包含有第一卷与第二卷的《现代化世界体系》《世界经济的政治学》《历史上的资本主义》《世界体系分析：理论与方法》等。"世界体系的马克思主义"第二次是在梁树发教授作的"冷战结束后国外马克思主义研究报告"文章中出现。梁树发教授只用百来字叙述"世界体系的马克思主义"基本情形。不管怎样，曾枝盛先生与梁树发先生关于世界体系理论与依附理论的明晰准确地指认，给我们确证世界体系的马克思主义派别供给了一定程度上的文献资料支助。尽管上面提到的两位学者都直接地提出了世界体系的马克思主义，然而没体系地考虑它的基本内容，这令人遗憾。更甚，在他们的探究过程里面，还产生了部分理论上的不合适的确认。例如，在《20 世纪末国外马克思主义纲要》的书中，曾枝盛先生将依附理论与世界体系的马克思主义一样看待，这说明其将二者看成一样的理论。事实上，依附理论仅是世界体系马克思主义理论的一个理论来源，并不是其主要的内容，它们之间在很多的内容上面有着实质的不同。在世界学术领域，人们通常会把依附理论看成沃勒斯坦世界体系的初始形态，并没有把二者彻底地同样看待。从此意义上说，我们在关于世界体系的马克思主义更应该进行一定程度的系统性的探究，进而便于扫清此类问题。

1.3 研究方法与思路

1.3.1 研究方法

第一，文献研究法。阅读了大量与世界体系马克思有关的书籍与文献，汲取了精华，有利于进一步分析和研究世界体系的马克思主义。

第二，跨学科综合研究法。从经济、政治、文化、社会、历史等多学科综合研究，相互借鉴与渗透，从而更好地诠释世界体系的马克思主义。

第三，辩证分析法。世界体系的马克思主义虽然提出很多有价值的开创性的思想，但是其思想也具有局限性，因此，要辩证地分析与研究。

第四，理论与实际相结合的方法。本文通过阐述世界体系的马克思主义理论，结合中国实际，总结了世界体系理论对中国发展的影响与启示。

1.3.2 研究思路

本文首先介绍了选题的背景与意义，对世界体系的马克思主义理论含义与理论渊源进行了梳理，并分别对沃勒斯坦、阿瑞吉、弗兰克理论进行了研究，在此基础上，总结了世界体系的马克思主义理论价值及其局限性。

1.4 创新点与不足之处

1.4.1 创新点

第一，本文运用比较研究的方法，对于沃勒斯坦、阿瑞吉、弗兰克理论进行了分析比较，沃勒斯坦一直认为国家的发展取决于世界体系，一个国家或地区在世界体系之中地位变化及其如何进行变化，不但需要内部的努力，还要依靠全球体系发展的周期。每到经济体系进行交替运动的阶段，半边缘与边缘的国家进行上升发展的时机就来了。某些国家的地位上升同时必然也伴随其他国家相应地下降，全部国家和地区一同发展或者个别的国家与地区单独地发展，这些均是不可能的；阿瑞吉提出，在 20 世纪 60 年代之前，人们主要关注马克思主义理论对于阶级矛盾以及劳动的过程相关解释的效力，但是忽视了生产场所的隐蔽性。但是，马克思关于劳动工人运动的思考却忽视了其内部之间的争斗，在当代的资本主义的社会之中，劳动者内部争斗频繁且激烈地发生。造成这种状况的原因主要是，马克思注重对工人阶级本身的解放。弗兰克的视域较为广阔，为人们考虑地域与世界的发展带来了启示，脱离了西方的意识领域带来的偏差的看法。弗兰克指出，世界体系的发展的动力来自资本的不断积累与霸权，并不是世界资本主义体系扩展而特有的内在动力。

　　第二，对世界体系的马克思主义理论价值与局限性做了分析，主要是对当代资本主义现状与未来的价值，对西方社会科学方法论的修正与建构、对西方各种社会科学理论资源的整合。世界体系的马克思主义也存在一些局限性，理论局限性主要表现三个方面：一、没有最终突破狭隘的欧洲中心主义窠臼，由于其对于马克思的世界历史的整体性理解产生偏差以及对现代化进程的片面化认识，最终使现代的世界体系生成与发展依然是依照中心国家当中的资产阶级愿望去塑造。二、历史观中的虚无主义与消极悲观主义，因其忽略了有关社会主义的生产方式创建基础的了解，最后导致了关于将来社会主义世界秩序的规划上面很大程度上不遵守真实。三、世界体系的马克思主义具有模糊的乌托邦理论特质，过分地强调了世界体系的链条相同性，忽略了此链条当中薄弱的环节，进而在某种程度中忽视了列宁一国建成社会主义之思想，这极有可能把世界各国的劳动人民重新抛入到新乌托邦的幻想之中。

　　第三，本文在阐述中国发展道路问题时，从政治、经济、文化、历史等多角度研究，体现学科间知识的融合。分析出改革开放，必须结合本国国情，量力而行，循序渐进。就市场经济而言，需要创建适合本国国情要求的独具地方特色的市场经济，不能搬用西方市场经济模式。中国改革起步于农村经济改革，而后逐渐向城市推开，从改革农村经济体制到逐步改革工业、商业经济体制以及各方面体制。关键在于，这种改革以社会承受力为改革适度的临界点，把改革、发展、稳定三者辩证地统一起来，坚持在改革中及时发现问题、解决问题、总结经验、推广经验，坚持总揽全局、大胆试验、稳步推进，所有这些都确保了中国政府从容地变革其僵化的计划经济体制，成功地建立起公私经济体并存和竞争的新型市场经济体制。

1.4.2 不足之处

　　第一，本文虽然是在阅读大量文献基础之上完成的，但是对于沃勒斯坦、阿瑞吉、弗兰克理论精髓还需有待于进一步研究分析与对比，关于世界体系的马克思主义理论的价值与局限需要不断挖掘和完善。

　　第二，沃勒斯坦对于体系之中周期性做了动态的分析，他主张此周期有着自身产生、发展、衰败与消亡的过程，这与三个地带划分的时间的维度遥相呼应。但对于历史的周期性同历史的循环到底有多少差异，需要进一步思索。

　　第三，阿瑞吉认为中国崛起的理论是其世界体系理论当中有机的一个组成部分，研究了世界体系中国崛起的主要原因，阿瑞吉关于中国崛起的理论是其世界体系理论当中有机的一个组成部分。阿瑞吉研究了世界体系中国崛起的主要原因，揭示出中国独特的发展道路，现代的世界体系极有可能会朝着中国崛起的道路前行。在这个问题上，阿瑞吉同其他的世界体系研究者有所差异，这其中的差异有待于进一步研究，还需要对中国道路及其世界价值深入进行探索。

第四，弗兰克把人类作为中心的世界历史可以给新的全球实践供应基础知识，他摒弃了实体论者着重指出文明与民族的想法，还运用结构主义方式解析不停变化的经济政治的情形，需要加强对弗兰克人类中心主义理论研究。

第 2 章　世界体系的
马克思主义的理论含义与理论渊源

　　本章介绍了世界体系的马克思主义产生的历史进程以及世界体系的马克思主义理论概念界定,揭示世界体系的马克思主义的含义与理论渊源。世界体系的马克思主义产生于 20 世纪 70 年代,是在资本主义全球化迅速发展时期所出现的一个理论学派,是世界范围马克思主义理论学说复兴的一个组成部分,属于新的马克思主义中的一个类型,属于西方的马克思主义理论流派之一。被誉为世界体系的马克思主义的学术旨趣在于,它展开了对世界体系的资本主义现状和历史的总体性研究,反映了要求化解南北矛盾、超越世界资本主义体系、建构世界和谐的人类理想和社会发展愿景。首先,第二次世界大战之后,全球迈入了较为和平稳定的发展阶段,脱离了西方殖民主义掌握的亚非拉民族独立国家,努力探索自己国家的现代化发展道路,它们把主要精神放在了推动自己国家的社会变化迁移的实践上,这样的实践引起了国际社会的极大关注,一些西方社会科学家对此不断地开展了讨论。在世界体系的马克思主义的思想理论渊源问题上,世界体系的马克思主义理论首先汲取了马克思的一些理论,世界体系的马克思主义通过经济的角度这一马克思主义的历史唯物主义立场和分析方法来阐述理解近代世界历史的变化迁移;其次,世界体系的马克思主义所构建的世界体系理论与 20 世纪的年鉴学派有着密切的联系,它汲取了 20 世纪史学的新成果;再次,世界体系的马克思主义受到了耗散结构论的影响,吸收和借鉴了普里高津的社会物理学;最后,步入发展理论的新时期,世界体系理论继承并且发扬光大了依附理论与对现代化理论的驳斥。世界体系理论就是建立在上述四种思想渊源基础上而构建自己的理论基本框架的。

2.1 世界体系的马克思主义理论含义

世界体系也就是指全球化与现代化，也就是世界一体化，无论欠发达的国家还是发达的国家，都需要去选择一种模式即西方现代化，从而实现整个世界的经济发展向着一体化的方向发展。在此阶段，资本主义发展较快的国家逐渐地以帮助广大发展中国家与地区实现其现代化之名义，向第三世界输出产品、资本、技术以及西方的制度、文化和价值观。

2.1.1 世界体系的马克思主义产生的历史进程

在第二次世界大战之后，现代化的问题成了国际的社会科学探究范围里面的一个"焦点"。世界大战之后，全球迈入了较为平稳的发展阶段，脱离了西方的殖民主义掌握的民族独立的亚非拉的国家，努力探索自己国家的现代化的发展路子，它们把精神放在了自己国家的社会变化迁移的实践上，国际社会因此给予它们很大的关注，一部分西方的社会科学家不断地开展了研究讨论，并且还写书创建理论，发表自己的看法，因而便产生了一门探索与讨论第三世界国家的发展问题的理论。自从 20 世纪 50、60 年代以来，此理论的演绎推进经历了几个时期，且产生了"世界体系的理论""依附理论"与"现代化的理论"等几个派别。在 1974 年，沃勒斯坦的第一卷《现代世界体系》的出版，标志着世界体系理论的形成。其被认为是世界体系理论的鼻祖式人物，其主张的世界体系的解析模式自从分娩以来在学术领域造成了极大的反响。成为一个新的马克思主义者，沃勒斯坦站在了马克思主义的角度上面，整体地批评了资本主义制度的不足，揭露了资本主义世界体系的不公正、公平性，倡导重新创建相对公平、公正的社会主义的国际秩序，更能说明马克思主义理论本身带有的强大的生命力。

沃勒斯坦界定"社会体系"概念为"世界体系"理论的模式初步形成做了基础。其提倡一定要由体系的整个部分或者总体准则上面开展察看，原因在于局部是由总体决定的，即世界的经济定要看成一个整体来探索研究，探究此体系里面的每一个局部地方的社会变迁，定要由初始决定此部分在体系里面的位置，进而探究此部分在体系里面的演绎变化进程及其体系里面其他部分在系统内的因果变化。沃勒斯坦把生产方式与资本主义或者世界体系的世界的经济一样对待，也就是把生产关系看成一个世界体系的关联。自从 20 世纪 70 年代后期兴起"世界体系理论"之后，在国际的学术领域产生了很大的影响，它的影响由社会学的范围扩大到了人类学、经济学、历史学与政治学等的范围，并且由沃勒斯坦作为代表的"世界体系论"的学派开始形成。沃勒斯坦所书写的理论里面的启示性和有趣性"就那些社会学家来说带有极大的吸引性"，有的人叫它"新兴的世界系统的学说"。阿瑞吉认为世界体系当中全球化的金融最为重要的，运行的方式就是全球化的贸易，由此可以看出，虽然当代频繁地发生金融危机，有的甚至非常严重，但是由于帝国主义自由的贸易体制一直存在，实际上全球资本主义扩张的体系依旧存在。许多西方学者均认为欧美属于自由贸易的市场经济，但是阿瑞吉并不认同。弗兰克主张现代世界体系其实并非沃勒斯坦所说那样，它其实至少存续了五千年，而且世界上自始至终仅存在一种世界体系。弗兰克世界体系理论主要表现在扩大资本定义以及使用的范围，把积累方式的概念对生产方式进行了取代，以此去割裂资本主义的生产方式和现代的世界体系之联系。除此之外，弗兰克还对奢侈品贸易必要性进行了肯定，这其实同沃勒斯坦的思想是迥然不同的。

2.1.2 世界体系的马克思主义理论概念界定

世界体系这一概念并不是率先由沃勒斯坦所提出来的，实际上，卢森堡的依附理论、西方现代化的理论、资本积累的理论等都较早地探讨了这一概念，但沃勒斯坦赋予了这一概念比较明确的含义。

第一，卢森堡在早前的《资本积累论》当中就已经对世界体系的概念作了提及。在卢森堡看来，世界体系其实就是世界的整体，生存前提就以资本主义的世界和非资本主义的环境为基础，由于资本主义生存并非通过自身内部的力量，而是主要依靠着非资本主义世界中的原材料、市场及资本的积累多方面因素的支撑才能够得到实现。但现实是，资本主义在其发展过程中是矛盾的，它一方面想要努力地消灭其所有非资本主义的环境，想要实现世界资本主义化，但另一方面却不能离开非资本主义的支持。卢森堡主张当全球的体系被资本主义化充斥的时候，资本主义也会随之走向灭亡，如果最后的一个非资本主义的环境消失，便标志着资本主义自身失去其资本的积累源泉。卢森堡理论给了沃勒斯坦以启示，一个是资本主义本身是一矛盾体，其发展主要动力就是资本的积累，另一个就是世界体系作为一个构成体是比较复杂的。

第二，西方的现代化思想理论在当代意义上对世界体系的概念做了重新的思考。在其看来，所谓的世界体系也就是指全球化与现代化，也就是世界一体化，无论欠发达的国家还是发达的国家，都需要去选择一种模式即西方现代化，从而实现整个世界的经济发展向着一体化的方向发展。在此阶段，资本主义发展较快的国家逐渐地以帮助广大发展中国家与地区实现其现代化之名义，向第三世界输出产品、资本、技术以及西方的制度、文化和价值观。这样的"一体化"是在其全球的范围之内按照一些欧美的发达的资本主义的操作规范以及国家的价值原则去构建一体化国际性大市场，所以在此种一体化的世界当中，广大的发展中国家与地区反而出现了发展依附性比较严重的困境。可以看出，西方的现代化思想理论之中的世界体系的概念充满着欧美的中心主义的情结以及强烈的西方优越感。这样的世界体系的概念逐渐让沃勒斯坦深刻认识到资本主义世界体系其实是不平等的，还进一步看出了西方中心主义本质所在。

第三，依附理论世界体系的概念。依附理论可以说是 20 世纪五六十年代兴起于非洲以及拉丁美洲的重要的理论。依附理论普遍认为，所谓的世界体系就是指称其世界是一个全部的整体，由中心地带和边缘地带共同所组成。中心地带包括了世界的较为发达的国家，边缘地带主要是广大的发展中国家及地区，二者之间关系属于控制和被控制、依附和被依附的关系。依附理论运用世界体系的概念对非洲与拉丁美洲以及欧美的现代化同殖民主义之间关系进行了着重的考察。在其看来，尽管非洲、拉丁美洲同欧美都是处在资本主义的全球化的背景下，均实行了西方的现代化发展模式，但实际上非洲与拉丁美洲的国家其实能达到西方的发达国家那种现代化的水平还是极少的，造成此种现象根本的原因就是非洲与拉丁美洲的国家是处在资本主义的世界体系之边缘，长期地受到这些中心地带欧美发达的资本主义的国家压迫与掠夺，并且边缘地带的国家与地区发展是特别严重依赖于欧美的发达国家尤其是资本、经验、技术等方面支持。依附理论让沃勒斯坦理解了资本主义的世界体系之中心—边缘的结构以及依附性的特征。

第四，沃勒斯坦总结了世界体系的概念的一些优势，对世界体系基本的含义做出了非常明确的界说。沃勒斯坦认为，世界体系的术语经常会引起人们对于一致与平衡的联想，在他的思想认识当中有其较深入的阐释。确实，有关体系问题的比较有趣的现象是所有体系是怎样出现分裂的，人们希望通过制度化的方式试图使此种分裂得到控制。从此意义上来说，世界体系也就是指称为内在不同外在一致并且是制度化的一个整体。沃勒斯坦认为所谓的世界体系也就侧重于资本主义经济的体系，但其实它并不是纯粹经济的要素所构成之经济体，而是由许多亚体系所构成，包括亚国家之间的体系、亚文明的体系以及亚经济的体系。其中的亚经济的体系为世界体系之基础，而这个世界体系其实也就是一个社会或历史体系。它之所以被称为历史体系，是由于支持其制度的框架是和它一同成长起来的，这其实并不是简单的事件而是过程；其之所以称为是社会体系，主要由于是共同生活在同一个有一定秩序下的共同体内部的人之集合，或者可以说是共同生活于某一个特定的经济、政治及社会条件之下人之集合体。之所以把其当作一种世界体系，是由于该体系发源于 16世纪西欧的资本主义的经济体，伴随着资本主义不断地向外部扩张，尤其是在工业、军事、资本、贸易等许多方面，体系已经超越西欧边界，进而延伸到世界的范围，成为人类有史以来的首个真正意义上的世界体系。沃勒斯坦同时还认为，世界体系的理论同时也是对马克思思想的一种继承，主要是由于马克思一直都把资本主义的经济体看作世界经济体，主要批判了经济体非平等性进而对资本主义的社会之不合理性进行批判。更为重要的就是，马克思理论在世界历史角度上把资本主义看作一个有机体进而不断研究，揭示出资本主义从兴起、发展到衰亡历史演变的特点，这也就蕴含了一些世界体系的思维。

2.2 世界体系的马克思主义理论渊源

左派思想迅速发展于 20 世纪 70 年代，在这一时期，沃勒斯坦开创了新的体系即世界体系理论。世界体系理论作为一种左派思想，它深刻地批判了 19 世纪的社会科学和它的前提，提倡重新构建社会科学的新的范式。沃勒斯坦的批判是对先辈人物批判理论的继承与进一步的发展，而不是前不见古人的举动，也不是开了先河。世界体系的马克思主义理论与各种理论均有着非常密切的关联。首先，世界体系的马克思主义理论汲取并且修正马克思的一些理论，通过经济的角度阐述解释了近代世界历史的变化迁移；其次，世界体系理论与 20 世纪的年鉴学派有着密切的联系，因为它汲取了 20 世纪史学的新成果；再次，沃勒斯坦受到耗散结构论影响，吸收与借鉴了普里高津的社会物理学；最后，步入发展理论的新时期，世界体系理论是对依附理论的继承与对现代化理论的驳斥，世界体系理论在此四种流派的基础上奠基了自己的理论基本框架。

2.2.1 马克思的资本积累理论及其对世界体系理论的影响

左派思想迅速发展于 20 世纪 70 年代,在这一时期,沃勒斯坦开创了新的体系——世界体系理论。世界体系理论作为一种左派思想,它深刻地批判了 19 世纪的社会科学和它的前提，提倡重新构建社会科学的新的范式。沃勒斯坦的批判是对先辈人物批判理论的继承与进一步的发展，而不是前不见古人的举动，也不是开了先河。世界体系的马克思主义理论不但和西方一些理论有着联系，并且与年鉴理论、经典马克思、依附理论以及耗散结构理论有着非常密切的联系。首先，世界体系的马克思主义理论吸收马克思经典理论，通过经济的角度阐述解释了近代世界历史的变化迁移；其次，世界体系理论与 20 世纪的年鉴学派有着密切的联系，因为它汲取了 20 世纪史学的新成果；再次，沃勒斯坦受到耗散结构论影响，吸收与借鉴了普里高津的社会物理学；最后，步入发展理论的新时期，世界体系理论是对依附理论的继承与对现代化理论的驳斥。世界体系理论在此四种流派的基础上奠基了自己的理论基本框架。世界体系理论把马克思主义理论方法的主要因素和基本方法规整到了其中，通过吸收马克思传统理论中的一些模式，开创了能够对现代化的理论进行替代的学说。世界体系理论是对原有成果的延续、修正及综合的一种明晰准确的尝试。学术派别把世界体系理论视为西方马克思主义重要的派别之一，被称之为"新马克思主义""历史导向的马克思主义""现代马克思主义"等。具体来说，世界体系的马克思主义理论的来源可溯到马克思、卢森堡、列宁和布哈林，是沃勒斯坦借鉴吸收、折中与调和了他们的理论体系而得来。

1. 马克思资本积累理论

沃勒斯坦的世界体系理论的核心问题是资本积累问题，而资本积累还是现代世界体系的根本动力。与沃勒斯坦合作的霍普金斯点明："对我们有用的是马克思的资本主义资本积累理论问题，因由有两个：一是世界体系发展的核心问题是马克思的资本积累理论；二是它的视域，即马克思的资本积累理论是该问题的仅有的主要的理论，是有关资本主义总体的发展，而不是笼统或清晰的有关国际或国家的发展，换句话说，比如我们把它阐述为有关世界范围内的资本主义发展的理论。"世界体系学派认为，阐明现代世界体系和资本主义发展的理论前提只能是马克思的资本积累理论。

首先，我们可以直接从马克思的《资本论》中找到沃勒斯坦有关世界体系根本动力是无止境的资本积累的主张。所谓资本积累就是指资本家在生产过程把剩余价值转化成资本，剩余价值是资本积累的唯一源泉。马克思的简单再生产和扩大再生产不仅可以用在单个资本身上，而且还可以运用到资本主义社会总资本上。马克思的扩大再生产揭秘了资本主义生产方式的客观必然性和内在规律是无止境的资本积累。一方面，资本家本身就"具有绝对的致富欲望"，他还是"人格化的资本"，并且"他狂热地追求价值的增值"。资本家为了得到更多的剩余价值，他不得不增加资本积累的数量，用以进一步地扩大生产经营规模。另一方面在资本主义市场上竞争性规律的存在。大企业与小企业相比，无论在生产、销售，还是集资等各个方面都具有无可厚非的竞争优势，通过资本主义的市场竞争，致使生产过程是一个大企业吞并小企业的过程。资本家若是想在竞争过程中保持住自己的资本，只有不断地扩大自己的资本，而资本的扩大只能通过不断的积累而完成。

其次，沃勒斯坦接受了资本主义是仅有的生产方式这个马克思资本积累的前提。马克思在其《资本论》的第一卷中明确点出："为了在纯粹的状态下对我们的研究对象进行考察，避免次要情况的干扰，我们在这里必须把整个贸易世界看成是一个国家，并且假定资本主义生产已经到处确立并占据一切产业部门。"他在第二卷中又指出："按照我们的规定，资本主义生产已经取得了普遍和唯一的统治，除了资产阶级外，只有无产阶级。"可以看出，马克思分析的社会是一个资本主义社会，沃勒斯坦等人相信，马克思的这一设想有着重要的作用。假设我们把亚当·斯密的政治经济学和马克思对古典经济学的研读与批判相比较，就可以看出两个研究重点的不同。"一个是从一个国家的经济空间转变到了国际的世界经济空间，而另一个是从经济市场转变成了资本工厂。"第一个转变是说明经济市场不再被看成仅仅存在于每一个国家内的自成一体的经济空间，世界经济也不再被看成联系各个独立国家之间经济空间的国与国之间的经济。而且马克思把整个世界贸易作为一个国家来看待，其实质就是在充分的强调世界经济的完整性和总体性。第二个转变是说一个完整的资本主义社会由于生产关系的原因，将要分裂为两大对抗阶级——资产阶级和无产阶级，而非产品或者要素市场的关系原因。马克思抛开了市场，发现了更深层次的生产领域，揭示了看起来好像平等的资本家与工人的不平等关系。在沃勒斯坦看来，马克思所提出的"一个国家"就是所说的世界经济，而且它是由资本不断积累形成的。

沃勒斯坦认为，现代资本主义的世界体系就为马克思所描绘的世界性市场。马克思认为资本的现代生活史开始于 16 世纪的世界贸易和世界市场。商业、航海业和陆路交通随着世界市场得到了极大的发展。同时，又带动了工业的发展，由于工商业、航海业和铁路的扩张，致使资产阶级得到了一定的发展，还增加了自己的资本，把原来的一切阶级抛甩在了后面。沃勒斯坦认为，世界市场不断扩大的历史和资本不断地积累就形成现代世界体系的历史。而世界体系的起源来自16世纪世界市场的形成。"15世纪末期16世纪初期，欧洲世界经济体产生了"，"我们说的现代世界体系主要包括欧洲和美洲的一些地区，只占世界的一些地区，起源可以追溯到16世纪"。

再次，沃勒斯坦的世界体系理论修改了马克思的阶级分析方法。资本主义的不断发展和资本积累的不断累积导致了日益严重的两极分化。一方面，社会财富不断地集中到个别的资本家手中，另一方面，无产阶级随着社会财富不断集中在少数资本家手中而逐渐贫困。马克思强调："执行职能的资本（社会财富）越大，它增长的能力和规模就越大，使无产阶级的绝对数量和劳动生产力越大，发展产业的后备军也就越多。用于调配的劳动力跟资本的不断积累膨胀力相同，是根据同样的因由发展起来的。所以，产业后备军的相对数量与财富的作用一块提高。但是，现役劳动军与之相比，产业后备军越大，常备的过剩人口越多，这些人的贫困状况与他们自己在劳动中所受的劳动折磨是一种反比关系。"

最后，官方根据贫苦阶层和产业后备军确定需要经济的贫民。也就是说，若是工人阶级中贫苦阶层和产业后备军数量越大，官方确定需要救济的贫民也就越多，反之亦然。这些是资本积累亘古不变的、一般的规律。资本主义生产关系的对抗性在此规律中凸显无疑：资产阶级财富的积累，无产阶级贫困的不断加深，社会财富的积累扩大和贫富差距拉大在同一个过程中进行。因此，沃勒斯坦认为："马克思对资本主义和阶级关系深刻的洞察是有一个创造两个阶级与一个两极分化的过程。他根本没有描绘过这一过程。我更以为马克思的深刻洞察是对的，因为，在历史上确实有这样一个不断扩大的两极划分的进程——资产阶级化与无产阶级化，其是资本—劳动关系的本质。"沃勒斯坦的现代世界体系吸纳了马克思的这一阶级分析，同时，阐明了现代世界体系的发达与欠发达、中心与边缘及其南北差距的日益扩大实质上就是世界国际范围内的阶级分化。劳耶指出，沃勒斯坦"将马克思有关资本主义社会进程的分析方式，用到世界体系的上面，所以，马克思书中的剥削者和资产者变为了沃勒斯坦世界理论体系书中的中心核心或中心国家"。而马克思书中的被剥削者和无产者就变为了现代世界体系理论中的边缘或欠发达国家。由于沃勒斯坦把马克思的"一个国家"作为资本主义世界经济来理解，因此，"一个国家"内的阶级分化演变成了世界体系理论内的两极演变。然而马克思所描绘的两极分化不是资本主义发展过程中的普遍的现象，而是一种彻底的资本主义状态，还是现代世界体系不断发展的终极状态。沃勒斯坦认为："可能五十年后，世界经济会首次依照《资本论》的第一卷中所描绘的资本主义市场经济的价值规律那样运行。""但资本主义价值的充分胜利是作为体系的资本主义危机的标志……如果每个人都成为工资的奴隶，少数人从多数人那里剥削剩余价值几乎是不可能的。"意思是说，如果世界上只有资产阶级和无产阶级，那么，现代世界体系理论将会终结。

2. 卢森堡第三市场理论

卢森堡指出，马克思的扩大再生产理论中的资本积累公式没有普遍性的意义。马克思的扩大再生产中资本积累公式"只存在于难得遇到的场合，才能得到实践的应用"。由于这个公式要求"资本积累必须在两个部类齐头并进，并且想做到这一点只有坚持一下条件：生活资料部类即第二部类增加不变资本（V）的数量要刚好等于第一部类生产资料部类增加它们的可变资本（C）与个人消费的数量"。在资本主义的现实经济中，商品需求的持续增长保证了资本积累的不断变大。卢森堡提出，由于资本家不可能完全消费掉剩余价值，工人用分配给他们的可变资本购买商品，其他阶层则是工人与资本家的共同消费者，所以，在资本主义社会中就找不出增加商品的消费者。因而，商品的购买者也只有从资本主义国家之外寻觅，也只有在资本主义和非资本主义的贸易来往中实现。卢森堡认为："国际贸易从一开始就成了资本主义历史的第一条件，可以通过不变资本要素的获得和剩余价值的实现这两个方面看出。国际贸易在现实中基本上是非资本主义世界的生产状态与资本主义世界的生产状态的交易往来。"剩余价值的完成，"它确实依靠非资本主义世界的消费者。所以，使剩余价值实现的非资本主义世界的消费者的存在是资本与资本积累直接的存活条件"。总的来说，剩余价值积累的完成依靠非资本主义社会，而提高商品消费者也是依靠非资本主义社会里的各个阶层的人。卢森堡与马克思不同，他分析的社会是一个异化的资本主义和非资本主义社会，而对非资本主义社会的压榨与剥削变成了资本积累与剩余价值实现的前提条件。

沃勒斯坦受卢森堡的影响主要体现在下面三个方面：

首先，沃勒斯坦认可了卢森堡把资本积累阐述成为资本主义对非资本主义渗透侵蚀的观点。卢森堡指出，资本的原始积累一直贯穿于资本主义社会历史，而非仅仅是在资本主义早期出现。他认为："马克思从'原始积累'视角分析，突出强调了欧洲资本掠夺殖民地国家状况。马克思只是想说明这些过程是伴随发生的以及资本来到世上的情况。这些说明了资本主义生产方式由封建社会母体内孕育分娩时的疼痛过程。马克思在分析流通过程与资本主义生产方式时，又再次陈述了资本主义生产占普遍且仅有的统治地位的前提。"沃勒斯坦指出，卢森堡这一说法的作用是：
"说出了马克思的不连贯性与不清晰性的关节点在这一特定的争议中，不清晰性使
拉克劳与弗兰克把他们的理论溯源到马克思。"拉克劳指出世界资本主义体系包含
有不一样的生产方式；弗兰克则指出欠发达地区是资本主义世界的一部分，而不是
封建主义。沃勒斯坦支持弗兰克，其认为弗兰克的提法符合马克思的主张，而拉克
劳则是教条主义，恪守文本。

其次，沃勒斯坦认可卢森堡的资本主义生产方式蚕食并向非资本主义领域的扩
张，而不认同卢森堡把世界经济分成两部分——资本主义与非资本主义。假设把生
产方式划分取消，就能看出整个世界经济与经过国际贸易而创造的世界经济不同地
方的相互依赖关系。沃勒斯坦让资本主义世界经济吸纳了卢森堡的"第三"市场，
而卢森堡的世界经济的资本主义部分与非资本主义部分的剥削与沃勒斯坦理论中的
中心—边缘关系类似。卢森堡已经阐述过了沃勒斯坦提出的交换决定生产，剩余价
值的完成通过交换来实现的这一观点。实际上，卢森堡描绘了一个资本主义发展存
在于扩张的世界历史的图画，只是缺少了像沃勒斯坦那样界定的一个清晰明白的空
间边界。

再次，沃勒斯坦参考了卢森堡的有关资本积累的历史分析的观点。卢森堡认为，
作为一种经济状态，资本主义通过蚕食非资本主义来发展自己，资本积累的没有尽
头的欲望致使资本主义不停地向外扩张，并且资本主义正在不断向世界上仅有的经
济形态与生产方式而努力。假设当世界上只有工人与资本家时，资本主义世界就会
崩溃，而被社会主义取而代之。沃勒斯坦同样认为资本主义会经历产生、发展与灭
亡的发展过程，它不是部分的拼凑而是一个完整的历史体系。自从有了资本主义，
在内部矛盾的作用下，资本主义得到了不断的扩张，而资产阶级与无产阶级这两个
阶级的两极分化越发明显。正是由于无产阶级没有从资本家那里获得全部收入，所
以现代世界体系的无产阶级大部分是半无产阶级。沃勒斯坦认为："由于有人还没
有成为无产阶级是解释资本主义体系运转的基本的条件。"假设世界上仅有无产阶
级与资产阶级这两大真正对立的阶级时，现代世界体系就会被反体系运动所终结。
卢森堡提出，正是由于非资本主义的存在，资本主义才没有崩溃。而沃勒斯坦的看
法和卢森堡是相同的。卢森堡的"世界经济"与马克思的"一个国家"被沃勒斯坦
解释为"现代世界体系"，认可了卢森堡与马克思提出的社会主义产生的整体性与
共时性。可以说，与卢森堡、马克思同样，全世界性的社会主义世界秩序的产生是

沃勒斯坦的期望寄托。

3. 列宁和布哈林的帝国主义论

帝国主义被列宁与布哈林看成资本主义的最高阶段。列宁把资本主义分作两个阶段，即自由资本主义与垄断资本主义，而"资本主义的垄断阶段是帝国主义。此定义包含了最主要的内容：一方面，工业资本与金融资本融合而成的垄断性的极大银行的银行资本；另一方面，分割世界，实际是以无阻力地从任何一个没有被资本主义强国占领的区域扩张的殖民政策，逐渐转变到垄断性地占据完全瓜分完后的世界领域的殖民政策"。帝国主义与自由资本主义相比，具有五个基本的特点：（1）工业资本与银行资本融合的基础形成了金融寡头；（2）资本的集聚与生产的高度发展，达到这样的高度，致使垄断组织在经济生活中起决定作用；（3）形成了瓜分世界的资本家国际间的垄断联盟；（4）资本输出具有了商品输出所没有的重要意义；（5）头号的资本主义列强国已瓜分完毕世界上的领土。资本主义被布哈林分为了三个段也就是商业资本主义、工业资本主义与金融资本主义。三个阶段中，金融资本主义是最高阶段，并且金融资本是一个特定的历史范畴。布哈林把帝国主义界定为"金融资本的政策"，而帝国主义的征服性由金融资本决定。所以，在布哈林与列宁看来，资本主义的最高阶段是资本主义发展到一定时期才产生的帝国主义。

列宁与布哈林的帝国主义理论溯源到霍布森。而沃勒斯坦把这种帝国主义理论理解为"霍布森—列宁范式"，以显示不同于"熊彼特范式"。沃勒斯坦认为，列宁把垄断资本的阶级利益看作是帝国主义，这个为"19 世纪末期的新景象"，并且帝国主义论"已经扎根于 19 世纪末期西方知识分子的思想中"，由当时实际的时代背景来看，"霍布森与列宁都是对的，因为他们分别表达出了与其时代相符合的发自内心的想法"。然而列宁与布哈林的帝国主义理论确实有其时代的不足，主要表现在以下三个问题：（1）它没有办法为解析社会主义国家在当代的世界经济中的地位与功能提供理论基础；（2）假设垄断发展崛起必然会产生殖民主义，然而第二次世界大战后的"非殖民化"问题就没有办法解释；（3）帝国主义国家在 20 世纪向占领的殖民地输送了多少资本令人深思，19 世纪的英国与 20 世纪的美国和 17 世纪末至 18 世纪初的荷兰资本输出哪个更多些，哪个在经济上更显重要些，需要进行查清。沃勒斯坦指出："霍布森与列宁让我们严重的走入歧途，在于所陈述的东西在1870 年后的资本主义的世界经济里是'新的'。帝国主义与资本主义被霍布斯、列宁二人阐述为互不联系的情况，致使后来者误认为帝国主义是资本主义发展的一个重要的'时期'，一种特别阶段国家的外交政策。"布罗代尔分析研究近代世界经济史后，提出资本主义早在初期阶段即是跨国的，也是垄断的。受布罗代尔观点的影响，沃勒斯坦提出世界市场就是资本家为了利润生产的市场，与 1870 年前后的本质没什么区别。因而，帝国主义并不是资本主义的一个阶段，"它仅是资本主义的、宽范围的剥削系统的一方面"。"资本主义基本矛盾其中的一个分化出来的强国与弱国的活动"。这种周期性的力量，帝国主义体现为"殖民主义"与"非正式帝国"的轮回性替换。

资本主义的世界经济贸易中的不平等问题与两极分化现象都被列宁与布哈林分析过。列宁指出，在高度完善发展的资本主义国家中，可以得到高额利润的投资领域已不多，资本家把过多的资本输出到落后的国家而不是用来改善人民的生活水准，因为落后国的劳动力与原材料都很廉价，这样就可以得到高额的利润。殖民地的资本输入带有两个方面的后果：一是殖民地遭到严重的掠夺；二是殖民地得到了一定的发展。但是，殖民地制度体系的相对落后与国力的衰弱，通过暴力与市场手段，更容易建立垄断。这就形成了帝国主义的新剥削体系：便宜的原材料与劳动力由殖民地供应，而贵重物品则从宗主国进口，形成了剪刀差。这样的剪刀差贸易来往导致巨大的财富流入宗主国，致使殖民地更加的贫困。因而，"托拉斯组织与金融资本增强了世界经济各个不同情况的发展上的不同而不是剥削"。列宁所论述的资本输出问题，在沃勒斯坦看来，是 19 世纪末期英国霸主地位受到挑衅的一种表现：一是，挑战者通过发展重商主义保护带以此削弱霸权者的金融与商业优势，两者都采用了殖民主义瓜分边缘的形式；另一个是，霸权者的固定资本的相应陈旧落后与实际工资待遇的相应提高，导致了相应的生产率下降，这也就是说霸权国内的资本主义者只可能在自己国家之外来寻找到更不错的投资机会。这样的资本输出是一种周期性的表现，是帝国主义的其中一种形式，表现在霸权与霸权地位遭到挑战的时期。资本输出作为帝国主义的一种行为是弱小国家被霸权强国剥削的一种形式。

布哈林指出，在各种经济分工之外，还有凌驾"国民经济"不同国家分工的国际分工。国际贸易分工中，出口制成品和输入农产品的工业国家与出口农产品和进口制成品的农业国家之间的不同需要特别的注意。布哈林把城乡之间的分开作为社会一切分工的基石，而这样的分工原来只存在于一个国家之内，后来才扩展了整个世界的经济贸易中。"一个国家成了一个'城市'，也就是工业国家，所有的农业地区则成为了'乡村'。这里面，国际分工与社会里面最大两个工业与农业部门分工是相同的，由此形成了所说的'一般的分工'"。所以在国际资本主义的生产关系里面，"一是少数几个强大的组织的经济体，另一个是在边缘的半农业或者农业制度体系的欠发达国家"。国际分工的表现形式是国际之间的交换，马克思的劳动价值学说被布哈林用来解释国际之间贸易的超额利润。"根据这个主张，超额利润来自世界资本主义整体的价值与各国民经济价值之间的不同"。这一不平等的国际间贸易导致了农业国和工业国之间差距的不断扩大与两极分化。各个国民经济的单个个体组成了整个资本主义世界经济的整体"社会"，世界各个国家之间力量的大小强弱，在客观上对剩余价值与国际分工的转移有着不小的影响，这样的强国跟弱国产生的结果，致使世界体系内部的两极差距是由帝国主义国家的行为塑造的。

尽管沃勒斯坦批判了列宁与布哈林的帝国主义理论，但是沃勒斯坦也认可了帝国主义行为在世界上造成的两极分化以及其具有的跨国与垄断的特点。这也就是让列宁与布哈林的帝国主义所贯穿的历史阶段从 16 世纪扩展到了 19 世纪。从这个方面来看，沃勒斯坦并未走出"霍布森—列宁范式"。换一句话说，沃勒斯坦的帝国主义理论仅是"霍布森—列宁范式"的一种变化而形成的新范式。然而，如果以人类历史与帝国主义的关系观察，沃勒斯坦的帝国主义理论是"霍布森—列宁范式"与"熊彼特范式"的中和。

沃勒斯坦提倡借鉴与吸收马克思主义的精神意境而不是教条经典马克思主义的本本，通过把握马克思的精神而突破其局限性。沃勒斯坦认为，马克思可以作为"当时时代政治史与学术史的不朽的伟人。马克思给后人留下了广博的知识与丰富的概念及道德高尚的巨大文化遗产。然而，他曾经说过，自己不是一个马克思主义者。对于他说的这句话，应该相信马克思是当真的，不能只是笑笑了事"。"马克思知道，作为 19 世纪的人，自己的眼界毋庸置疑地受到当时历史社会实际的限制。然而很多自认为是其徒弟的人却不知道这个道理"。所以，沃勒斯坦自己说自己是一个修正者。其"修正"实际上是综合与折中了经典马克思主义的理论体系。

首先，沃勒斯坦有关其现代世界体系里的资本积累理论整合了马克思与卢森堡的主张。沃勒斯坦提出资本主义的生产方式是仅有的生产关系，现代世界体系的则是资本主义的，而这就是马克思所研究的资本积累的同样的环境。现代世界体系分作中心、半边缘与边缘，卢森堡理论中的世界经济里面的资本主义方面与非资本主义方面的剥削与被剥削犹如现代世界体系里面的中心—边缘的关系。沃勒斯坦提出，没有尽头的资本积累不仅成为资本主义发展的动力，也是现代世界体系的发展动力，这源自马克思与卢森堡。沃勒斯坦又认为，资本积累不只是中心在努力实现，还是边缘的努力追求，然而马克思与卢森堡认为，现代世界体系的边缘地区并不是非资本主义的，马克思与卢森堡没有考察过边缘的资本积累。沃勒斯坦扩大了资本主义里世界经济的空间领域，马克思的"一个国家"理论被其等同对待，同时还吸取了卢森堡的"第三"市场。

其次，卢森堡、列宁与布哈林有关剩余价值理论的主张被沃勒斯坦整合。沃勒斯坦吸纳了卢森堡的观点后，指出生产由交换决定，而通过交换完成了剩余价值。现代理论体系认为，国际贸易的不平衡是由中心与边缘之间不同劳动分工决定的。剩余价值的中心性，逐渐导致中心的资本积累快于边缘的积累，致使世界两极分化。虽然卢森堡与布哈林在剩余价值方面与资本积累层面有着不同的看法，但是有关剩余价值的向心性转移结果导致的现象还是相同的。

再次，沃勒斯坦的现代世界体系里面的帝国主义论综合了列宁、布哈林与熊彼特的观点。列宁与布哈林一致认同资本主义的最高阶段是帝国主义，不同的，熊彼特却指出帝国主义跟资本主义无必然的联系，而帝国主义是古时都有的。然而，沃勒斯坦指出，列宁与布哈林的帝国主义理论没有办法阐释非殖民地化与第二次世界大战后资本主义国家里面的投资发展问题，在熊彼特的理论里面而是没有办法阐释世界大战的问题。资本主义的产生、发展导致了帝国主义的出现，国家从开始就在保护资本主义的对外贸易，主体中心国家通过殖民扩张获得自身发展的劳动力与原料。沃勒斯坦的做法就是让帝国主义阶段由原来资本主义的一个变量转化为一个恒量。

最后，沃勒斯坦承接了马克思与卢森堡有关资本积累的历史研究的主张。沃勒斯坦先吸纳了资本主义世界经济的扩展诱使资本主义世界灭亡的卢森堡观点，又把现代世界体系的终极状态看成是马克思描绘的纯粹的资本主义世界经济，由此得出了资本主义领域世界经济瓦解的过程中可能会产生社会主义的论断。

2.2.2 法国年鉴学派的理论研究范式及其对世界体系理论的影响

20 世纪的史学"范式"被称为年鉴学派，著名的美国史学家伊格尔斯曾给之予高度好评："任何的史学流派与年鉴学派相比都略逊一筹，当今全世界历史学家的科学性历史研究都以之为典范。"说明年鉴学派的影响力已不再拘囿于法国，而是走上了世界，已作为了世界性的史学"范式"而存在。世界体系理论对年鉴学派的影响在美国尤甚。虽然沃勒斯坦没有师承于布洛赫与布罗代尔，但是沃勒斯坦研究非洲开始于年鉴学派人物乔治·巴兰迪尔，并且对沃勒斯坦世界体系理论的形成影响重大。布罗代尔曾高度赞扬了还没有出版的《现代世界体系》第一卷，沃勒斯坦聘任于法国社会科学高等研究院，而其供职于以年鉴学派有成者布罗代尔命名的"费尔南·布罗代尔经济、历史与文明研究中心"的纽约州立大学宾哈顿分校的研究中心。沃勒斯坦在构建世界体系的过程中，吸纳了一些有关年鉴学派的重要理论与观点。布莱恩·特纳提出："布罗代尔为了更好地了解各个经济体系、社会文明与结构的不平衡性发展，其研究分析范围超越了原来的民族史学的限制。布罗代尔的全局史可以作为文明研究与世界性的社会学的先辈。在其理论中，考察城市、社会的等级制度、国家、文明，都是以其结构史和局势史为中心的轮廓中奠基成的。因此我们认为，无论是宾哈顿经济，还是文明研究中心与历史体系，以及世界体系理论与其《评论》杂志都是由布罗代尔的理论来支撑。"当然，依然有学者指出："沃勒斯坦的史料来源是布罗代尔。"仔细地来讲，世界体系理论深受年鉴学派的影响，集中体现在以下三个方面：（1）跨学科研究；（2）大范围长时段的分析方法；（3）对资本主义的批判。

1. 跨学科的研究

年鉴学派依靠跨学科研究与大范围长时段的研究方法倡导构建整个历史。知识的完整与体系性是跨学科研究的重点，时空的全体性则是大范围长时段的研究方法。亨利·贝尔是年鉴学派总体史钻研探究的源头，1900 年贝尔开办了《历史综合评论》，19 世纪德国的兰克学派的史学传统遭到了贝尔的批判。贝尔倡导分析和综合，不赞成把历史学只停留在描绘阶段，这为年鉴学派开了总体史的先例。作为年鉴学派奠基者的费弗尔与布洛赫前后加入了这个杂志与贝尔编辑的《进步与人类》的工作，并且迈向新史学的途径被他们在其中找到，因而才有"年鉴学派分娩于《历史综合评论》"的说法。

1929 年创办的《经济与社会史年鉴》成为费弗尔与布洛赫批判传统的史学，开创历史研究的新领域。费弗尔与布洛赫把历史研究的领域扩大到了经济、政治、情感、文化、气候变迁与地理环境等方面，采用的是兰克式的研究形式。从《经济与社会史年鉴》的创办编委组成结构中可以看出跨学科研究的作用，编委会一共有十个人，费弗尔与布洛赫担任主编，其他的八个人中有四人是历史学家，政治学家、经济学家、地理学家、社会学家各一人。布洛赫指出，狭义的专业领域内的探索得到的只有部分的结论，整体看起来比部分具有更大的确定性。"专研历史不能把自己局限在一定的范围内，因为若只有自己的一点看法，尽管是在自己的研究领域内，也得不到全面的结论。只有全面的整体的历史，才是真实的历史，也只有经过众人的通力合作，才可以体会到真正的历史"。只能经过跨学科领域探索，使历史的研究领域扩大，并在此领域的基础之上塑造能反映全人类活动生活的整个历史才可能有。

所以，必须"删掉整个标记与藩篱"，转变各种学科之间的研究者从不相互交流来往的局势。费弗尔与布洛赫则进一步指出："历史学应成为心理学的、社会学的、伦理的、政治的、经济的、美学的与文化的等每种观点对社会实行研究的所有社会科学的中心，并且应成为社会科学的心脏与核心。"这表明年鉴学派的总体史与跨学科的关系为：历史学为核心轴承，连接整合其他不同学科，用不同学科的方法方式构建历史学问题，进而打开历史学的研究视野，达到扩展历史学的研究范围。费弗尔与布洛赫不但是跨学科理论的提出者，而且还是理论的践行者。费弗尔与布洛赫的代表性著作有：费弗尔的《土地与人类演变：地理历史学引论》《腓力二世与弗朗什—孔泰》《16世纪的不信神问题：拉伯雷的宗教》和《马丁·路德：一个命运》，布洛赫的《封建社会》《国王的奇迹》与《国王与农奴》，与心理学、历史学、宗教学、地理学与社会学等有着联系。

1945年第二次世界大战后，年鉴学派整合了杂志，创建了新的研究组织机构。年鉴学派通过两代学者的不断努力，出现了诸如布罗代尔这样的历史学家，进而使年鉴学派走上了巅峰。《经济与社会史年鉴》在1946年改名为《经济·社会·文明年鉴》，刊物名字里加入了"文明"一词，说明拓宽了历史的研究范围。1947年，法国开办了高等实验研究院——经济与社会科学部第六部，主任由费弗尔来担当。此部广纳人才，集聚了各类学科的著名人士，比如：语言学家罗兰·巴尔特、社会学家彼埃尔·布迪厄、历史哲学家雷蒙·阿隆、结构人类学家克洛德-列维-施特劳斯等。勒高夫认为："经济与社会科学部这个第六部的宗旨就是《年鉴》的核心目的：面向全世界、不同学科间的跨学科研究、用集体调查与研究探讨问题作为基础。历史学家在第六部中起鼓励、推动与榜样带头的作用。新史学中这是一个重要的、巨大的事情，由此新史学经过教学、研究与讨论跟其他临近的领域学科彻底地结合了起来，并渐渐地形成了相应的制度。"在布罗代尔的想法中，划分各学科的界线是没有实际意义，还会阻止妨碍社会科学的发展变化。布罗代尔认为："对我而言，只有一种统一的交叉学科……假设有人想把历史学和经济学或历史学和地理学进行结合，那么他就是在浪费时间。理应同时面对所有的学科……我本人支持广泛的交叉杂交。而仅仅把两种学科进行交叉的人太谨慎。虽然这种宽泛杂交观点不雅，但是确实需要流行起来：我们可以把所有的学科混交，包含被认为传统的哲学与文献等，它们是存在的，并没有如我们所宣称的那样的灭亡。"由此可知，布罗代尔着重指出要把社会科学与人文科学的所有门类进行结合、整理，只有如此才可以让各种学科相互结合，相互深化与收益，进而冲破传统学科的藩篱。比如在研究文明中，布罗代尔清晰明白地强调："文明的研究与所有的社会科学都有关系。"详尽地说，文明跟四个完全不同的研究领域有关：一是社会的文明；二是集体心态的文明、地理区域的文明与经济的文明。布罗代尔作为一名历史学家，他仔细考虑过社会科学与历史学的联系，他指出："历史学由于在社会科学中最少结构化，所以历史学成了最有弹性、最开放的门类之一。""对我而言，历史学跟社会科学融合成了一体，它是社会科学的一部分。"

年鉴学派提出的"历史学是社会科学"的说法是跨学科研究后，发展与认识的深化，而不是在理论上的倒退。布罗代尔写的《15 至 18 世纪的物质文明、经济和资本主义》《法兰西的特性》与《菲力普二世时代的地中海和地中海世界》等作品中，可以历史学、经济学、心理学、生态学与地理学等各学科的交叉融合。布罗代尔于1968 年"五月风暴"后辞去了《年鉴》主编的职务，并托付给了勒高夫与拉杜里等年鉴学派的第三代历史学家，年鉴学派步入了割旧迎新的时期。布罗代尔提出的"新史学"口号，又被称作"年鉴—新史学派"。第三代年鉴学派的历史学家发扬了跨学科研究，使其研究范围扩大，广泛应用了计量学、语义学与肖像学等，导致历史学里面出现了一批相关分支门类，比如科技史学、历史人类学、表象史学、宗教史学、历史人口学、心态史学、经济史学与气候史学等。跨学科的研究，"他们无限度地拓宽了历史学家的视域，不但是空间领域上对西方文明框架的突破，非西方的、原始的文化和规律的探究与摸索，还在方法论与主题方面拓宽了历史学家关于人类社会生活的每个侧面感兴趣的范围，包含有幻想与神话方面及其生物学领域，与此同时，还探查到是'史前的'，并且还是近期的多种多样的表述情况。他们不仅让最广义的'人文科学'与历史科学结合起来，还是行为科学或古典的社会科学以及还是语言学、文学、结构人类学来说，都是这样"。到此，以历史学为核心的年鉴学派的跨学科体系彻底构成。1979年的社会科学高等研究院的课程设置上体现了出来，如下：一是历史学；二是历史人类学；三是生活科学；四是语言学；五是人文科学的方法与技术；六是社会学；七是社会人类学、人种志、人种学（民族学）；八是语义学、符号学；九是经济学；十是跨学科研究；十一是地理学。这十一个方面包含了社会科学与人文科学的绝大部分范围。

年鉴学派跨学科的理论和实践得到了沃勒斯坦的高度赞扬。沃勒斯坦在一篇名为《超越年鉴学派》的开篇中提出社会科学在19世纪的前提包含有：一是多种"学科"组成了社会科学，然而课题内容之间互不联系，却是知识内容连在一起的分门别类；二是社会科学是在叙述一类相关的普遍规律，而历史学则是讲解与研究摸索以前所出现的事情；三是人类组织起来就形成了所谓的社会实体，人们则是生活在社会所构建的基本框架里面；四是资本主义体系是自由生产者在运用劳动力与商品的竞争过程中形成的体系；五是世界历史的重要转折出现在18世纪末与19世纪初的时期，此刻的资产阶级在一些举足轻重的国家获取了国家—社会的权力；六是人类的历史在不断地进步发展中，其趋势势在必行；七是追求最简单方法概述万物以自身的方式存在与事件是怎么发生的规律就是科学。

在沃勒斯坦的头脑中，年鉴学派一面让历史学家"放开心胸接受社会科学"，也就是"放开接受精神心态、家庭历史与人口统计等有关的知识"。即19世纪社会科学被年鉴学派解析的两个前提：规范论和特殊论的二元对立、学科单分独立的合法性。这使沃勒斯坦一体化的学科方法与历史社会科学的构建深受启发。

2. 长时段大范围的研究方法

布罗代尔是在年鉴学派中运用大范围的长时段的分析方法的代表。1958年，布罗代尔发表了《历史与社会科学：长时段》，其文中全面地阐释了三种历史时段论。长时段别名地理时间，其是"一种逐渐地消失而又偶尔紧挨静止的时间"。结构是与长时间关系最密切的，"结构"一词位于长时段问题的首要位置。进行社会问题考察的时候，'结构'是群众与现实社会之间组成的严密、相当稳定与有机的一种关系。就对历史学家来说，结构不仅是构架与建筑，而且还是相当耐久的实在"。文化结构、政治结构、生态结构与地理结构等组成了结构。观看与探查人类历史的深层运动与长期趋势的情况可用长时段。中时段别称社会时间，指的是生产增减、利率波动、人口增长、工资变化与价格曲线等周期性的现象。历史叙述和中时段融合在一块，"因而就出现了全新的一种历史阐述的方式，也就是所说的'态势''周期'与'间周期'的阐述方式，有十多年、二十五年，更甚是康德拉季耶夫的五十年周期的时间由我们选择"。中时段含有双重性，它不但可以通过扬弃产生出长时段，而且也许会让短时段回归。短时段别称事件时间，主旨在研究传统历史的过程中，出现的突发性事件。"事件也就是所谓的爆炸，爆炸自身很短暂，声响与火光一闪即过，但是爆炸引起的烟雾撑满了那时人们的头脑。"拿历史研究来说，"最具有欺骗性与人性的时间是短时段"。所以，历史研究要清除"障碍"，探析深层次的活动。《菲力普二世时代的地中海和地中海世界》不仅是三种时段论的实际的运用，还是总体史研究的划时代作品。此书组成有三部分，书中第一部分描写的是地中海的环境地理，包含有交通、气候、海岸、岛屿、山川与平原等。"第一部分阐述的是一种差一点静止的历史—周围环境与人的关系史。这是一种慢慢消失、慢慢变化、连续重新开始与出现经济反复的周期性历史"。第二部分是独立篇幅论文的聚集，主要钻研探究了地中海地区在 16 世纪的经济状况，与财政、运输、商业、物价、货币流通、劳动力与人口有关，还涉及在地中海称霸的西班牙帝国与土耳其帝国的战争方式与社会形态。这被认为是"不同于其他的、慢节奏的历史。大家也许愿意称呼其社会史，也就是集团与群体史，假设此词语还拥有其完整的含义"。政治军事史是第三部分，主体阐述的是西班牙与土耳其地中海争霸的过程。"第三部分为历史的传统部分，也就是说，它是弗朗索瓦·西米昂与保尔·拉孔布撰述的事件史，是单个人的规模的历史，而不是整体人类规模的历史"。历史被布罗代尔分为三个层次，分别与地理时间、社会时间与事件时间三种不同的历史时间相对应，进而形象直观地放映出了全貌的地中海历史。在《15 至 18 世纪的物质文明、经济与资本主义》的三卷本中，这四个世纪左右的历史被布罗代尔划为物质生活、市场经济与资本主义三个层次。名为《日常生活的结构》的第一卷，研究阐述的是最基本的物质生活，指的是"一直摆脱不了的自给自足状态下的非经济"。衣食住行等一些人类最基础的基本的活动是物质生活的内容，是人类最厚重的层次，也是最基本与最底层的必需。《形形色色的交换》是其第二卷名，阐述的是市场经济和资本主义。市场经济就是马克思的"流通领域"，市场经济涉及生产、消费以及调控供求之间的关系，通过如集市、店铺、商贩、交易所与交易会的交换齿轮在不一样的地方构建统一的经济生活，开展分工的专业化。《世界的时间》是其第三卷题名，阐述经济世界与其演变。"世界经济"与"经济世界"由布罗代尔做了区分。前者指"世界上的经济"，也就是全球经济；后者指"经济成为一个世界"，也就是没有全球经济体庞大。"经济世界"有很多，不算 16 世纪的地中海，仍有古时的迦太基、古希腊、古罗马，在 7 世纪的伊斯兰，9 世纪的诺曼人世界、在彼得大帝前的俄罗斯以及 18 世纪末期前的印度次大陆与土耳其帝国等。作为一个概念，"经济世界作为它集聚下的各有特点的非经济空间与经济空间的总和，拥有着极其广阔的地域，一般凌驾在历史别的门类的分界线"。由此可知，基础是来源于物质，所以市场经济的变化发展则是依靠物质生活的不断扩张，这一点的最终受益者是资本主义，而经济世界包括了物质生活、市场经济与资本主义的实体。

关于世界体系理论和布罗代尔的大范围长时段的关系问题，沃勒斯坦曾明确地谈论过。他认为："布罗代尔中心用布罗代尔命名，这说明了大家的目的是钻研长时段，也就是说广范围长时段的社会迁移。名称中心的其他部分由《年鉴》杂志的副标题修改后得来的。沃勒斯坦把'社会'改成了'历史体系'。这个理论立场很繁杂。社会常常把国家结构当成分析的个体，而大家用'历史体系'来代替，长时段最精准的分类就是历史体系。"霍普金斯同样指出："在我们的那个岁月年代，名为'世界体系研究'——或者'世界历史研究'或是'资本主义世界经济研究'或者'现代社会变迁研究'——探究与探索的领域正以一种清晰的方式变化发展。来源于之前探索研究过去、现在与将来的大范围长时段的社会迁移的方式方法。"显而易见，这是指年鉴学派的长时段与结构理论被世界体系理论直接继承了。历史体系即结构，长时段体现在康德拉季耶夫周期和特长周期。布罗代尔早已钻研分析了康德拉季耶夫周期以及与百年趋势之间的关系："假设让百年趋势与康德拉季耶夫周期两种运动情形结合起来，我们可以听到涉及长期形势的二重奏乐曲。不仅使最早的观察复杂起来，而且还使观察更加的稳固牢靠。特别是，跟大家不断说的背道而驰，康德拉季耶夫周期出现在欧洲是几个世纪以前的事，而不是出现在 1791 年的时候。"布罗代尔运用康德拉季耶夫周期得到了沃勒斯坦的认可，但是用特长周期取代了布罗代尔的百年趋势一说。沃勒斯坦认为特长周期应该追溯到 15 世纪。现代世界体系是这些个周期存在的空间构架，也就是资本主义的世界经济体。"世界经济体"仅仅是世界的一部分，这个定义来自布罗代尔的"经济世界"。世界经济体与经济世界在结构上是相似的。它们的构成由世界性的劳动分工划分出来的中心、半边缘与边缘三个互相依靠的地区组成。边缘依附于中心，听令于中心。中心不单在经济方面，还在政治方面，而霸权常常不仅仅是经济的中心，还是政治的中心。然而，中心不是固定不变的，是会转移的，当然，这种转移变化跟经济周期与经济制度的创新有着极大的联系。在欧洲由于中心的经济世界的五次危机进而致使中心发生了五次的迁移变化：威尼斯在 14 世纪 80 年代形成的中心，在 1500 年时，迁移到了安普卫特，到 1560 年时，迁移到了热那亚，在 1650 年的时间，迁移到了阿姆斯特丹，在 1780—1815 年，迁移到了英国首都伦敦，在 1929 年时，跨越大西洋到达美国纽约。

沃勒斯坦由于对周期的不同运用，导致其对中心转移说有了不一样的看法。他观念中只存在三个霸权：在 17 世纪中叶的荷兰、在 19 世纪中叶的英国与在 20 世纪中叶的美国。

3. 关于资本主义展开的批判

布罗代尔和古典自由主义以及经典马克思主义对资本主义的认识不同，更甚的是背道而驰，他赋予了资本主义全新的概念。沃勒斯坦提出的现代世界体系的构建与对资本主义的认识深受布罗代尔的资本主义学说的影响。"伊曼纽尔·沃勒斯坦的《现代世界体系》这本著作是以费尔南·布罗代尔这个法国历史学家在其《文明与资本主义》书中描绘的经典内容为基础。此书中描绘出了一个从 15 世纪到 20 世纪的开始与演化，被誉为经典内容"，奇尔科特认为。布罗代尔强调"市场经济"和"资本主义"是不一样的两个概念。市场经济领域在下层，且是开放的与公开的，它可以"逐倍地提高市场间的横向联系。供给、需求与价格三者间一般会有种自动的调节机制"。资本主义领域在市场经济之上，它是暗地里运作的，"是常常巧取豪夺的，是与市场相悖的区域"。

资本主义被布罗代尔定义为以下几个方面：（1）资本主义是一种"古老的实践"而不是历史发展的特定时期。布罗代尔认为："在早期的人类历史上，就有一种'隐藏的表层下面的'资本主义开始渐渐形成，成百上千年来的连续的成长，直至延续到现在。"当代资本主义经常运用的不少的方法，比如殖民主义、公债、财政金融、期货、银行、铸币、信贷与汇票等已经有了。布罗代尔不赞同资本主义按阶段性的划分，指出"依据跳跃式发展或资本主义的形成发展：商业资本主义、工业资本主义、金融资本主义三阶段的分阶段资本主义设想的认识是错误的"。当然，资本主义并不是固定不动的，其本身就是一个长时段的结构，不停地改变着自己的形态，拥有很强的灵活与再造性。（2）资本主义是垄断性的，而不是完全自由的、竞争性的。资本家阻断了消费者与商品生产者之间的连接，在它们二者中间建起了一个贸易链条，这个商业链越长，垄断性也就越强大，得到的超额利润也是越多，其在远程的贸易活动中很凸显的。此外，科技每次大的突破有所进展推动了垄断的不断发展。科技的飞速发展加快了资本主义世界经济的不断向外延伸，然而新科技常常掌握在个别资本家手中，这使得资本家通过技术的垄断开辟了新的垄断而又具有高额利润的部门。（3）资本主义不是专业化的。顶级的资本家"从来不会把所有的鸡蛋放在一个框子里"，因为他们关注伸手的是所有的部门行业，并且还不断地调整经营的状况，是因为这样才可以获取高额的垄断利润。垄断利润不是固定不变的，它是不断由一个部门转向另一个部门的。仅有二流的资本家才专业化，因为他们只是工业家或商人。（4）资本主义不是仅限在一国，它是跨国的。之初，资本主义就是不受国家边界限制的，一部分大商行在欧洲都有分行，而且渗入到美洲与印度，就像现如今的跨国公司，其中最有模范性的是威尔塞商行与福格尔商行。正由于渗入其他地方，美洲的种植园主与东欧地区的大地主开始了与西欧地区的资本家的合作活动，这导致了美洲的种植园经济与东欧的"二期农奴制"迈入资本主义的经济形态，原因就是美洲、西欧与东欧三个地方同属经济世界或一个国家体系之中。（5）资本主义和国家之间不对立。无论什么样的垄断都少不了政治做基础。在近代早期以来的时候，资本家常常买官挤进政界与买爵位以抬高身价，这样让资本家们更加地如虎添翼；特许的经营权由资本家们赊买或购买而来，这保证了资本家们对特定商品的垄断行径；因为国家税收制度的漏洞，一部分的金融资本家通过自身在国家担任的财政职务，常常发行国债，把自身的利益与国家财政政策紧密地绑在了一起。（6）资本主义也是一种理性，是另一种而已。资本主义的理性不同于威纳尔·桑巴特与马克斯·韦伯所论述的理性，原因在于威纳尔·桑巴特与马克斯·韦伯将市场经济和资本主义一样对待。市场经济和资本主义的理性各不相同，市场经济的理性是自由的竞争，资本主义的理性则是权势、投机与垄断。总的来说，市场经济是自动调控的、普通人的、自由竞争的、微利的、透明的经济，而资本主义则是少数人的、人为操纵的、垄断性的、超额利润的、不透明的经济。

　　布罗代尔的资本主义理论被沃勒斯坦指出"倒置一切"，意义有以下三个方面：（1）历史编纂的过程模式遭到了更改。布罗代尔把自己本身由中世纪与近代的断裂、以工业革命为界的近代早期、后期的断裂历史分期的传说神话中释放了出来。（2）包括委婉地批判了启蒙进步的理论。布罗代尔抓住的是市场经济与资本主义间真实的不断的紧张，而不是一个简单地必需的进步。（3）传送给现代世界一个极其不同的政策信息。真实的资本主义是垄断性的，而不是市场样的，也就是意味着真实的市场可以找到所要的答案在反体系那里。沃勒斯坦重点指出资本主义在资本循环这个商品环节中的与在这个历史社会体系中的作用。其指出："万物商品化是资本主义历史发展的动力。"以前的历史社会体系不同于历史资本主义，以前的社会，政治或道德的因素阻断了商品链条的很多环节。但是历史资本主义包括生产、交换、分配与投资过程，它一般是一个商品化的过程，也即是说存在着繁杂的商品链。此链条远远超越了布罗代尔的由生产至消费商品链条的复杂程度。由商品链条创造出来的最终剩余价值被资本家所纷纷占有，而资本家的积累率由剩余价值来确定，积累率的高与低由"竞争"来决定，超额的利润常常是由具有垄断性的资本家所获取。

其次，资本主义不局限在一个民族与国家中，它是一种生产方式与历史社会体系。美洲的种植园与东欧的二期农奴制被沃勒斯坦认为是构成资本主义世界经济体系的部分，他还指出此两者是处在边缘，西欧才是真正的中心，它们是欧洲资本主义的一个延伸，两者是依赖的关系。此看法和布罗代尔的基本一样。再次，在资本主义中，不是自由的竞争。在沃勒斯坦的观念中，不但市场经济这个"无形的手"在显示作用，而且政府这个"有形的手"也在影响经济的运动。在资本主义国家内，特定的体制与政策有可能会推动资本主义的发展，也有可能会阻碍资本主义的发展。资本主义世界的经济体中，边缘与中心是不平等的，当然交换也是不平等的，中心地域拥有强大的国家机器，其作用之一就是确保边缘地区国家机器的相对弱小与不平等交换的顺利开展，每当威胁到不平等的交换时，中心地域的国家机器就开始运转起来，发挥其作用。在边缘的地方，资本主义的发展不仅没有让强制性的劳动关系减弱，反而进一步地强化了它，例如种植园奴隶制与二期农奴制。最后，资本主义并非进步者。历史资本主义不是一个先进的进步的向上的阶级推翻了一个愚昧的落后的下滑的阶级，它仅仅是在消灭陈旧体系的时候，把原有的土地贵族转变成为新的阶级——资产阶级；历史资本主义尽管在宏观方面致使人类毁灭的危机，但是在微观方面上提高了人类抵御压力的能力；历史资本主义产生了逐渐加深的两极分化与强制性劳动，并且还有种族主义与性别主义这种超越以前所有的压迫性的意识形态，违背了所提倡的博爱、平等与自由。布罗代尔有关资本主义的一部分定性得到了沃勒斯坦的认可，但是沃勒斯坦解决了资本主义和市场的二元对立问题，把现代世界体系和资本主义组合了起来。资本主义受到沃勒斯坦的批判，加快了我们对近代历史工业革命、资产阶级革命与历史的进步性等一部分观念进行反思，批判对促使我们的反思意义重大。

依据以上所说，通过对年鉴学派与大范围长时段理论的研究与继承，沃勒斯坦把它们作为世界体系理论分析框架的组成部分，同时在这个框架里面勾画了近代以来的世界性历史的整体性变迁。沃勒斯坦通过对布罗代尔资本主义学说的继承研究与扩展延伸，使之变成了世界体系理论价值导向的一个方面。

2.2.3 中心与边缘的依附理论及其对世界体系理论的影响

依附理论是一门综合性质的社会科学理论，它研究的是非西方不发达国家的社会发展与现代化的路径、方法与条件。其主要出现与发展在拉美学术界跟西方。萧新煌把发展理论分为三个阶段与两种范式，它们分别是：世界体系理论、依附理论、现代化理论。世界体系理论与依附理论被看作一种范式，而现代化理论被看作另一种范式。一般而言，世界体系理论与依附理论无论是在方法论上，还是思想体系方面，有着很相像的地方。然而，世界体系理论相较依附理论更具有系统性，所以可以把依附理论看成世界体系的雏形。夏农认为："和世界体系理论联系最直接的思想学派是依附方法。真正的，世界体系理论正是其水到渠成的结果。很多以前的依附理论家都承认了世界体系理论。"霍尔与奇洛特同样指出："在多方面，世界体系理论在北美地区成了依附理论的修改版，在理论的构建上，很不容易区分它们。"

第二次世界大战后，现代化理论的产生与发展传播受三种因素的推动。首先，科技的高速发展与经济的不断提升，世界的霸主之位由美国占据，而资本主义的中心也转移到了美国。荷兰与英国之后，美国成为第三个霸主国家，同样被看作近代以来以西方为中心的世界历史的持续，现代化理论就是对把美国作为代表性的西方世界的胜出的理论的阐释；其次，许多发展中国家不断地脱离了欧洲国家的殖民统治，迈入了独立发展的新道路，同时希望在政治与经济上可以彻底地独立。长时间的殖民统治，造成了发展中国家不仅仅是政治与经济上的依附，而且还使这些被殖民国家的人在意识形态与观念上都依附于西方，并且这种无形的依附更不易察觉且更持久。这些不是西方的国家没有实际上的发展政策与发展理论，他们所谓的发展政策与理论仅仅是对西方政策与理论的盗版，尽管他们给盗版的政策与理论披上意识形态或者民族主义的外衣。再次，美苏争霸，导致冷战与对立。在美苏这两个超级大国中间的广大第三世界区域是各自积极争取的对象，美国想把第三世界吸收到资本主义的道路上来，把西方的意识形态与制度作为己用，所以现代化的传播具有重要的战略价值。这一国际背景之下，政府与学术界极其关注非西方国家有关现代化实现与发展问题，作为学术理论的现代化理论在一定程度上和意识形态"搭档"。苏耀昌指出，现代化理论作为"发展主义的意识形态"，它朝非西方的国家兜售所说的"客观主义"的社会科学，在西方之外，实践西方的制度，推广科学主义与实用主义，消融革命意识形态。从 20 世纪 50 年代的时候开始，现代化理论在联合国的支持下得以在第三世界国家实践与流行。虽然第三世界的国民生产总值有所提高，但是产生了极其明显的贫富差距。在世界上，南北差距不断拉大，不发达国家外债累累，经济被西方国家制衡，沦落为西方的商品倾销市场与原料产地，经济的不稳致使政治局面的混乱；在国家内部，国民生产总值的提高没有让人民大众受益，公共服务、收入分配与就业等公共政策也没有惠及人民大众，则是倾向于惠及社会上层。伊尔玛·阿曼阿德研究了墨西哥与巴西等国家的发展状况，他认为："那里的发展受益不但没有惠及下层，反而在发展的过程中典型的有益于富人与中产阶级。"此种状况表明现代化的发展模式不适用于不发达国家，因为这种模式带来的不是发展，而是不发达国家更进一步地依附于西方国家。到 60 年代的时候，现代化理论遭到学术界的不间断地批判，最终衰落。20 世纪 50 年代，依附理论出现，它来自拉美研究，并且是从此研究中演化过来的一个理论模式。到 60 年代的时候，现代化理论被其所取代，进而成为当时理论发展的主流。

依附理论的基础源自 R. 普雷维什、保罗·巴兰与 A. 伊曼纽尔这三位学者，并且它把马克思主义及拉美的研究融合在了一块。20 世纪 40 年代末的时候，普雷维什不仅是阿根廷经济学家，还是联合国拉美经济研究会的第一任秘书长。他提出了"中心—边缘"概念。中心指的是西方发达的资本主义国家，而边缘指的是非西方的不发达国家，此两者共同组成了世界经济体系。然而，这个世界经济体系不是一个平等的结构，因为中心国家采取不平等的秩序规则来剥削边缘的国家，而边缘国家则成为中心国家发展的服务工具。

在普雷维什看来，在世界贸易的出口中，逐渐下滑，这表明中心国家对边缘国家出口的东西所需弹性降低，但是边缘国家对中心国家出口的产品所需弹性提高。这种情况导致了拉美国家在长期的情况下，收支不均衡，更甚的是生产所得分配的不平衡。在中心国家里，生产所得使工人工资相对较高，并且其他的生产要素价格也在不断提升；在边缘国家里，却出现了工资停止增长与商品价格的降低。因而，普雷维什认为世界经济结构性产生了非西方国家的不发达的状况。其在谈论自己的思想发展演绎变化的时候，指出："我是以下述的想法为出发点的，这是从属的资本主义，是受制于先进国家的霸权的市场规律统治，且是从属于先进的国家利益的资本主义。"在 20 世纪 50—60 年代的时候，由于现代化理论的盛行，普雷维什的中心—边缘学说被淹没了，到 60 年代末现代化理论影响减弱时，普雷维什的中心—边缘思想才被学术界重视起来，并且依附理论用其作为分析框架。

传统的帝国主义理论遭到了保罗·巴兰的修改，保罗·巴兰首次系统地阐释了不发达的经济理论，说明了要是无社会革命的插手，落后国家的资本主义就无从发展。巴兰的思想具体表现以下几个方面：（1）发达的资本主义国家与不发达的发展中国家历经了不一样的历史过程，不可以把目前不发达的发展中国家和西方发达国家几百年前的发展状况混为一谈。巴兰认为，如今的附属国与殖民地没有办法向发达资本主义国家请求帮忙而进行像原始积累那样的来源；然而，帝国主义与垄断资本主义时代经济发展遇到的问题跟二三百年前遇到的基本没有相同的地方；也许在某个历史背景下会发生的事情，然而，在另一个历史背景下也许是不可能的。在 16 世纪的时候，非西方与西方开始了分化。西方国家一面把剩余资本投入到国内的生产中，另一面则是开始了罪恶的掠夺之旅，也就是经殖民与原始积累夺取欧洲以外的剩余，进而推动自身经济的提升发展。然而，非洲、拉美与其他一些国家的经济发展却遭到了破坏。发展提升的积累与剩余的深入便强化了发达与不发达，直至塑造出了世界经济两极分化的结构。（2）经济的发展提升决定于剩余的多少与利用的途径。假设把剩余用在生产投资上面，经济就会不断发展提升；积累剩余越多，经济提升就越快。经过考察历史，马兰指出："西方资本主义侵略如今欠发达国家，用摧枯拉朽的力量催生了一些发展资本主义的前提条件，同时又用此力量阻碍了其他一些领域的发展。掠走了大部分这些不发达国家以前的积累与如今产生的剩余，不会不对这些欠发达国家的资本积累产生巨大的阻碍。"西方政治与文化的作用、社会的分化与商品的流通常会让不发达国家的发展偏离轨道，进而满足发达国家的要求。（3）由于受到发达国家政治和经济的影响，不发达国家的政府被迫倾向于外来的投资者。不发达国家政府被巴兰划分为三类：殖民政府、买办政府与新政府，它们都具有相似的阶级利益与阶级结构：首先，外国资本不但有本国政府的支持；其次，有一个经营贸易、充当代理人与供应商的买办资产阶级，其主要是外国资本利益的代表；再次，封建主义的地主贵族集团，勾结外国资本，坚决抵制对现状做任何的更改；大的垄断组织掌握有工业资本，它在更多程度上依赖于外国资本。对政府有着极大影响力的阶级，都与外国资本有着紧密的联系，为外资的需要服务。总的来说，巴兰认为，不发达国家落后的根本在于跟西方国家的联系，却不是自己国家的人口与企业家精神等因素，也就是说不发达是由外因造成的。不发达国家与西方发达国家之间是一种博弈，发达一方的发展是以另一方的不发展为前提的。依附理论吸收了巴兰的不发达外生理论与不一样的历史进程说，并把"中心—边缘"的概念与之结合起来。

以马克思的劳动价值理论与价值转化为生产价格的理论为出发点，伊曼纽尔研究分析了国际分工与生产价格形成的问题，进而阐释了发展中国家与发达国家之间的交换是不平等的。1962 年 12 月，伊曼纽尔在法国从事研究工作，他一次演讲时声称，不平等交换出现的根由不在于有机构成的国际上的差异，而在于发达国家和发展中国家之间真正的工资方面的不同。不平等交换被他划为两种：一种是"广义的不平等交换"，另一种是"狭义的不平等交换"，前一种仅是工资相等而资本有机构成不相等的时候由价值转变为生产价格而引起的，后一种则是在于有机构成与工资的不相等，然而，后一种才是实际意义上的不平等交换。伊曼纽尔做了一个基本的假设：在世界范围内，资本的流动导致了国际性的平均利润；然而，各个国家之间劳动力是基本不流动的，各国工人之间并不产生直接的竞争，所以各个国家的工人工资水平不一样。在世界上，发展中国家与发达国家的国际分工不同，它们常常是特定生产不一样的产品，而这些产品之间并不形成直接的竞争。工资被包含于价格之中，工资的不同导致了价格的不同，发展中国家的廉价产品被发达国家以贵重的产品来交换，不平等的交换由此开始。伊曼纽尔认为："要素的数量与报酬决定了价格，而不是价格决定了要素的数量与报酬。"商品价格是因变量，而工资是自变量，商品价格被工资水平所决定。在国际贸易上，看起来是等价交换，但是，真实的是不平等的交换，原因是交换的不平等来源于工资的不平等。发达国家中，工人工资的提升来源于三个因素：一是为了满足生产发展水平的需要，工人阶级需通过教育培训等来提升自己的技术水平与文化素养；二是工人组织的完善和发展，进而在劳资博弈中促进工资的提升；三是市场新资本的注入与不断扩大成为工资提升的原因，发展中国家则反之。此三个原因促使发达国家的工资逐渐提升，而发展中国家的工资水准与之形成两极分化。工资率的不平等造就了交换的不平等，经过国际贸易活动，发展中国家所创造的剩余价值转到了发达国家，同时促进了发达国家的不断发展，然而又阻碍了发展中国家的发展变化。由此而知，马克思的劳动价值论成为伊曼纽尔不平等交换理论的基础，并批评了比较成本理论与自由贸易理论，着重指出造成国家贫富两极分化与剥削的原因在于，不一样的国家工资与剩余价值率的差异，对当代世界经济格局而言，是一种不一样的阐释。假设把"发达国家"与"不发达国家"跟"中心"和"边缘"对调一下，对中心区域与边缘区域的不平衡不平等交换的阐释，应来自伊曼纽尔的不平等交换的启示。很多拉美国家的学者对依附理论的产生、发展、完善都有着贡献。由于涉及语言国际性的问题，所以说最有名的依附理论家是常常用英文写东西的阿明与弗兰克。依附学派的内部，在以下方面存在着争议：依附和发展、依附的特征、研究参数与方法论等。一些学者把它划为以下三个不同的派别：或是拉美经济委员会、依附性的发展不发达的发展；或是新依附理论与传统依附理论；或是乐观依附发展理论与悲观依附理论等。这样的划分仅仅是依据几个重要的人物而定，显得过于简单，相比较来说，奇尔科特与弗兰克的划分则较为翔实。奇尔科特把依附理论划分为非马克思主义与马克思主义两个不同的派别，且每个流派里面又区分为很多个观点。

　　依附是什么？多斯·桑托斯认为："所说的依附，是指这样的情形：一些国家的经济发展附属于另一些国家经济的发展与扩大。两个或两个以上的经济社会中间的互相依存关系，这些经济社会和世界贸易间的互相依存关系，在一些国家仅能以此来反映扩张的时候，采取的就是依附的情形，针对当前的发展，这有着消极或者积极的作用。"所以，发达国家制衡发展中国家与发展中国家怎么样提升发展的理论就是所谓的依附理论。就其内容来说，依附理论主要包含了中心—边缘关系、发达与不发达、发展的前途三个方面。中心—边缘关系。在依附学派眼中，世界经济是资本主义的专属世界市场。不一样的国家与地区，不管经济发展水平，还是文化传统与意识形态有多巨大的差异，只要迈入世界经济中，那么都是在给资本主义的世界市场生产。因而，世界经济里面，仅仅有边缘与中心、不发达与发达的区分，而不会有现代与传统、非资本主义与资本主义的区分。普雷维什的"中心—边缘"含义得到了弗兰克进一步的发展，弗兰克把"中心"称之为"都市/宗主"，"边缘"被称之为"卫星"，这个"都市/宗主—卫星"的关系在世界经济中广泛存在。"都市/宗主—卫星"模式是一种剥削链，每一个低级都市/宗主通过榨取自己卫星的剩余价值，并把其榨取的送回上一级都市/宗主中心，以此类推，最终送回世界性都市/宗主的中心。所有的都市/宗主中心都在维护与加固这一剥削链条，并进一步由地方性、全国性与全球性的体系来促使自己的发展，正像多斯·桑托斯认为："剥削链条由世界资本主义中心出发，并且它夺取了其他一些国家都市的经济剩余。然而，这些中心城市夺取了各地区中心城市的剩余，地方中心被地区中心剥夺，而在地方中心上的大商人与大地主则剥夺小业主与小农，小业主与小农则是剥夺在土地上干活的劳动者，这样层层递进，所有环节上都是大多数人被少数人剥夺剩余。"都市—卫星这种剥削关系的形成在于不平等的交换。伊曼纽尔受到弗兰克的批评，弗兰克认为他的理论不够充分且与历史事实不符，但是，他认可了伊曼纽尔中心论点的"恰当性与有效性"，那么这个中心论点是"各个国家间的不平等交换来源于工资的不同，这同样是发展差异的主要的一个原因"。阿明把伊曼纽尔的工资因素作为基础，他又考虑了历史因素与劳动生产因素后，认为："由于历史原因导致的工资不平等组成了专业化的基础与不平等长久化的国际价格体系。"正是由于这样的不平等交换，中心源源不断地掠夺着边缘的财富，进而两极分化的现象日益加深。通过不平等的交换理论，依附理论说明了比较成本理论与自由贸易理论的不足性：它们看起来客观，但实际上代表的是中心国家的利益，还是意识形态与社会科学里面核心内容霸权的结果，因而，它们没有办法阐释边缘与中心的不平衡发展问题。阿明肯定地说："大家局限在一切主观主义的传统的经济学的基本同义反复之中：双方在交换过程中都得到了益处，所以才进行交换"。可是，这种说法是没有用的，它阻碍了我们认识历史，原因在于避而不谈发展的力量与初始的水平。

　　"发达"与"不发达"。依附理论提出，西方社会与非西方社会不同于传统社会和现代社会的对峙，应该是发达与不发达的关系。尽管依附理论同样设置一个二元的社会结构，但是其二元结构并不各自独立，反而互相依附组成一个实体。发达与不发达可以认为是一个硬币的两面，西方国家的发达与非西方国家不发达拥有相关性与同步性，而不是社会自己不断深化的不一样的时期。松凯尔指出："我们假设不发达与发达是同一普遍过程的两个方面。……地理上，它表现为两大阶级的不同：一面是不发达、依附的、外围的、贫穷的、落后的国家与世界上发达的、宗主的、先进的、工业化的国家间的两极分化；另一面是国内依据依附的集团与活动的贫穷的、原始的、落后的、地域的两极分化。"

　　弗兰克同样认为："一般看来，经济发展是在资本主义阶段，如今的不发达国家则是现在的发达国家以前历经的原始历史阶段。问题是，若是有点历史学识的人就能明白，不发达国家的现状不仅不是原始的，也不是传统的，并且不发达国家的以前或现在跟眼前发达国家的以前并没有什么重要的相同之处。如今的发达国家以前尽管也历经了没有发展的情形，但是并没有历经不发达的情形。"

　　依附理论认为，非西方国家的不发达并不是本身的制度或者文化的原因，而应是资本主义掠夺与扩张的结局，迈入资本主义世界的地区，可以看到从之初就是资本主义的，并不是封建社会或其他的社会混合形态。由于欧洲资本主义的扩张，严重地影响着非西方社会。"就近五个世纪里面不发达国家的历史状况，主要是由于欧洲不断扩张的结果产生的。我们初步确定，欧洲操控的国际经济的自动作用先是产生了不发达，接着是阻碍了欠发达国家摆脱不发达的行为。总的来说，不发达是历史发展过程的结果"。"诸多的现象显示，同样深信不疑，将来的历史探索研究将会证明，资本主义系统在以前多个世纪的扩张，已完全与有效地渗透到不发达世界里面，更甚的是不发达世界完全独立于之外的地方。所以，如今我们见到的这些地方的政治、经济、社会与文化体制及关系，和不发达国家里面看起来较为现代化或者比较有资本主义特色的自己国家的大城市相同，全部是资本主义制度历史发展变化的东西。不发达国家里面所说的封建地区的当代不发达体制或者国内落后，与所说的较进步地区的资本主义体制相同，具有不发达和发达之间在世界上相似的情况，全部是资本主义发展同一个历史进程的结晶。"

依附理论家眼中，资本主义历史发展结果产生了世界经济的不发达与发达的二元对立，西方发达国家雕塑了非西方不发达国家。不发达的过程被韦弗与威尔伯划分为三个阶段："第一段，国际与国内的投资对大部分不发达国家在生产初级产品方面拥有静态的比较利益。第二段，投资与进口替代成了重点。第三段，跨国公司成为国内制造业的龙头是其典型特点。"每个阶段都加强了不发达与渐渐地加重了收入的不平等。特别在第三阶段，跨国公司让非西方国家更加地依附于自己主要通过以下一些方法：组织整个生产过程、控制出口、专利权压制、防御性投资、控制市场和市场动向、等价资本计算、专利权保护与价格转移。因而，资本主义在不断发展的情况下，依附关系一直在被加强，并且还是越来越隐蔽。

发展的前景。现代化理论家从传统到现代过渡的理论受到依附理论的否认。现代化理论家预测，若是照着西方的发展情形发展下去，不发达国家（穷国）总会与发达国家（富国）有一个相同的未来，问题是现代化理论家忽略了发达国家在历史发展中的影响与不发达国家的历史。现代化理论的代表罗斯托遭到弗兰克的批评，弗兰克批评他现代化"历史由发达国家造就的，不认可欠发达国家的所有历史"。依附理论在批评现代化理论的时候，还提出了怎么脱离不发达的想法，分别是以下三种看法：脱钩论、改造国家论与依附发展论。"脱钩论"是由弗兰克与阿明提出的。在《论脱钩》一文中，阿明提出："世界资本主义系统边缘的国家的发展要有一个与世界资本主义系统'脱钩'的情形，也就是本国的发展规划不再听从于'全球化'。然而，我们给'脱钩'思想的界定是完全不同于'闭关自守'。我们的意思是依据价值规律组建一个经济选择合理性标准的系统，不再受国际上资本主义价值规律统治而产生的经济合理性标准的影响，并且具有民众的内容与民族的基础。"通过历史分析，弗兰克认为脱钩与非西方社会发展的关系是：一个情形是卫星与宗主中心的联系处于低谷时，卫星会在经济发展上突飞猛进，拉美地区的发展历史充分说明了这一问题。在拉美的历史上，曾经有过五次重大的危机：一是欧洲 17 世纪的经济危机；二是拿破仑战争；三是第一次世界大战；四是 20 世纪 30 年代的经济大危机；五是第二次世界大战。在这五次危机的时候，宗主国无论从贸易上还是投资联系方面，都有所放松，卫星国在此期间开始了迅速的经济增长与自主的工业化建设。另一种情形，无论在经济上还是地理上，都与资本主义体系联系相对很少的地区。就比如日本，正因其没有以卫星的形式加入资本主义体系，尽管缺乏资源，但依然可以工业化。然而，如俄国与拉丁美洲，尽管能源丰富，可是依然做不到工业化。日本能做到，原因是日本在德川幕府或明治维新的时候都不是卫星国家。反之，在以前和宗主中心国家联系最紧密的地方却是如今看起来最封建的与最不发达的地区。因而，不发达国家想要发展，就需要脱离发达国家掌控的资本主义体系的控制，只有这样才能发展，这个摆脱常常需要革命才可以完成。

改造国家由松凯尔与富尔塔多提出。他们都一致认为，隔绝和外部的联系是不可能让边缘发展起来的，只有通过改造国内生产体系，以达到边缘国家的依附机制被消除，并且要使用现代技术在全部的生产部门，改善收入分配的不平衡，提升独立自主能力，打造区域间与区域内的经济往来。松凯尔更进一步把它具体化：面向农业人口，对其土地与收入的再分配；地区经济的一体化与投资本国重工业，比如石油业与钢铁；本国与跨国公司联合掌控下，形成专门化的大单位；在跨国公司与本国的联合安排下，发展本国科技与引进国外技术；国家干预传统出口部门，或使之国有化。卡多佐与法勒多主张依附性发展。他们重评了 20 世纪以来的世界资本主义体系，指出跨国公司的作用在不断地发生改变。跨国公司的投资愈来愈多，倾向于本地市场的生产，外国投资把目标瞄上了国内的发展目标与工业化建设。因而，发展与依附并不是根本的对立，在某种程度上是能统一的。就边缘国家来说，依附性的发展是可能的。依附性发展的过程中，国内资本与跨国资本的合作能促进社会与经济的发展，然而随着不断地发展，依附性慢慢下降，自主性则逐渐提升。上面所述的三种论点在某些程度上是对峙的，意识形态立场的不一样，导致了同一案例常常被依附理论家给出不同的阐释，以论证自己的观点。但是，一致认为发展的方法与目的是消除依附。

20 世纪 60 年代末与 70 年代初，依附理论产生了国际性的影响。依附理论的政治与社会空间来源于这个时代的革命运动与非殖民化浪潮，依附理论不但是种学术理论，而且还是种革命理论与政治批判理论，更甚是作为一种解放的神学。多斯·桑托斯提出，在加勒比与拉丁美洲地区，依附理论获得了绝对性的影响；在亚洲与非洲及美国，解放神学使它的影响面大大扩张；在欧洲，社会民主主义、社会主义与革命左派受到了依附理论的影响。在塔恩贝格学院的英国、德国与法国理论家所进行的极有价值地探究也受到了依附理论的影响。在北欧国家，和平问题的探究受到了它的影响。

我们从依附理论里面得到了一个整体性分析的视野。第一，依附理论由世界经济出发，而不是民族国家经济的宏观角度出发，把不同地区或各民族国家的经济融入同一个世界经济之内，看到了资本主义世界经济的依附性与整体性特点。空间上，我们观察到了世界经济囊括中心与边缘两个不一样的地区，一国的国内事情脱离不了国际事务，一国的发展则成为国际政治经济变化迁移的一些内容；时间上，20世纪西方史学的总体史分析法被融入依附理论里，采取分析近代资本主义历史的发展状况，进而验证自己的想象。第二，20世纪，特别是在第二次世界大战后的社会科学跨学科研究的成果经依附理论"之手"，得到了进一步的发展。在19世纪，社会科学的局限性被冲破。社会学、历史学、经济学与政治学在依附理论具有代表性的作品中，界限模糊不明显，因而，依附理论在帝国主义理论、西方马克思主义、比较政治学、历史社会学、发展经济学、政治经济学等领域研究中拥有立足之地。第三，马克思主义的整体性探究得到了发展，具有批评性地阐释了当代的国际政治经济格局。拉美到底是资本主义还是封建主义，有关拉克劳与弗兰克的争论，沃勒斯坦认为："若牵涉到比较目的，基本问题该采用恰当的分析单位。虽然斯威齐与弗兰克在此点问题上不很明白，然而多博与拉克劳两人纷纷找到了马克思的文本，好像看起来他们更相信并支持马克思主义的论点，但是，我坚信斯威齐与弗兰克的精神更与马克思的符合，却不是文本。"而这个"适当的分析单位"指的是整体性地分析单位，也就是资本主义世界经济。就依附理论而言，资本主义经济的提出指的是时空整体性地构建，而跨学科研究指的是知识整体性的构建，二者结合统一起来，才是我们所谓的实际的整体性的研究。同时，整体性研究给予了马克思主义时代精神，是马克思主义政治经济学繁荣的一部分。

依附理论自身也有些问题。第一，外因决定论。虽然现代化理论与依附理论都是二元结构理论，但是，现代化理论里面的"现代"与"传统"的两分法被认为是外因决定论。现代化理论把一个国家贫穷的原因归咎于国内的制度与文化因素，然而，依附理论恰恰相反，把不发达国家的贫穷归咎于发达资本主义国家的剥削。就好像有些学者认为："此理论主要的成就在于它让人相信的揭露了西方现代化与资本主义世界体系的剥削特点。然而，它把剥削基本变成了唯一的分析工具，这样就破坏了其揭露剥削特点的重要的部分。"中心与边缘在依附理论里面的分划简洁、单一、明了，便于运作，然而，理论的简洁单一常常成为理论的不足。第二，把拉美局部经验普遍化。拉美作为依附理论家研究的主体，其研究的是拉美的发展与依附。这个理论诞生在拉美，又以拉美为立足点，很适用于拉美的研究。如果把此理论运用在其他的地域的探究，则也许会跌入困境。小仓充夫作为一名日本的学者，其指出依附理论的不足性是："以弗兰克为代表的依附理论主要以拉丁美洲为基石，把拉丁美洲的特性太一般化了。"拉美历史自身拥有特殊性，西方发达国家的历史与拉美的关系远超其他地域，在拉美的经验基础上提出的依附理论，不一定就具备普遍性的特点。第三，意识形态化。依附理论家很多是激进的新马克思主义者，在当时冷战的世界环境里，资本主义阵营与第三世界成为他们理论研究的目标，但忽略了社会主义阵营。作为批判帝国主义者，依附理论具有自己的道德优势。斯隆认为："他们生活的世界被划分为两个极端，此情形下，若谁接受不了依附理论的模式，那么谁就会在已知或不知的情形下与人民群众为敌，服务于帝国主义国家。"一方面，他们批判拉美依附于美国在拉美的霸权作为，另一方面，他们却只字不提一些社会主义国家对苏联的依附及其干涉东欧。在拉美，依附理论家认可古巴为自主发展的国家，其他的均为依附的发展国家。实际上，在世界的分工中，古巴与其他国家均是以出口原材料为主。从国际政治经济格局中看，东欧与古巴依附于苏联的程度不低于拉美依附于美国的程度。虽然社会科学家做不到绝对的客观，但是学术研究无法被价值判断与道德所代替，然而学术研究逐渐地意识形态化，常常让理论的阐释力下降。20世纪70年代的时候，东亚四小龙的崛起，社会主义国家权力的集中化、世界经济危机显露出了依附理论的不足，而在此情况下，世界体系理论把依附理论升级完成。

世界体系理论把现代世界体系作为自己的分析脉络，并吸纳了有关依附理论的主要论点，之后把它整理组合成一个理论体系。依附理论被世界体系理论吸纳与融合主要集中在以下三方面：第一，现代世界体系不是其他，而是资本主义的。资本主义产生于西方欧洲，它所过之处，皆为资本主义之国际经济。不存在奴隶的与封建的生产方式，全部是资本主义的生产方式。弗兰克之初就认为拉丁美洲为资本主义，它跟弗兰克的论点是一样的。第二，不平等交换与中心－边缘的结构模式。沃勒斯坦添加了"半边缘"的概念，把"中心—边缘"结构模式演绎变化为"中心—半边缘—边缘"的结构模式。沃勒斯坦指出半边缘是不可没有的，因为它在中心—边缘的结构中有着缓和、递进的缓解的功能。而中心—半边缘—边缘中间为一种不平等的交换关系，资本积累在中心地区是由不平等交换来实现的。特纳认为："沃勒斯坦的研究集聚探究了有关全球资本主义的不平等交换的问题，许多来自依附理论家的基础性研究，特别是弗兰克与巴兰两位学者的著作。"第三，发达与不发达。在沃勒斯坦看来，现代世界体系的产生与扩张，中心区域国家的发达与边缘地区国家的不发达，同属于一个历史发展过程的产品，正由于中心地区的剥削掠夺才致使边缘地区的不发达，现代世界体系的拓展致使外部地区的不发达与边缘化。然而沃勒斯坦不认可依附理论家们主张的"脱钩"理论，指出新崛起国家并不是和中心"脱钩"的产物，而应该是跟现代世界体系的周期性运转有联系。因而，夏农认为："世界体系理论解决了依附理论的错误，也就是不断地统一到世界经济体致使边缘总是会保持'依附'边缘社会的状态，'发展'则会是'依赖性的发展'"。这个说法隐含地表明想要完成工业化只有脱离世界体系才可以办到。相较依附理论来说，不走运的是，这个说法和历史的记载相违背，正好如我们看到的，并不是全部的边缘社会都停滞在边缘地区。可是，不明白真正的现代化必由之路是不是要离开世界体系。经假想上升过程成为世界体系基本动力的部分，世界体系为了避开理论的错误。上升并不是意外，是来自于世界体系很少见的基本功能。

在整理融合各理论流派的过程中，诞生了沃勒斯坦的世界体系理论，其理论承接与拓宽了发展的理论，引领着发展理论走上了新时期。第一，由世界历史发展方面来看，世界体系理论论述了西方发达的和非西方不发达间的关系，构建了一幅不是静态的社会变化迁移的图画；第二，在社会科学的领域中，世界体系使马克思主义繁荣起来。在 20 世纪 60—70 年代的时候，马克思主义在社会科学领域里的反映要差很多，主要的繁荣集中在哲学领域的批判，这种情形在美国更甚。世界体系理论的产生与发展，让马克思主义在社会科学领域里，特别是国际政治经济与社会学范围内拥有了一席之地。第三，世界体系理论不受学科局限性的限制。传统对学科的划分遭到了世界体系理论的否定，其尝试冲破学科间的壁垒，用一体化的学科取代传统学科的分化，20 世纪特别是第二次世界大战后社会科学的学科整编活动得到了迎合与促进。第四，世界体系理论阐释构建了自由主义的国家学说。一面，分析单位的问题上，世界体系理论用大范围长时段的历史系统取代了民族国家；另一面，国家这个"看得见的手"不停地发挥着作用，边缘的和中心的国际间的贸易来往并不是相互都有好处，事实上，它在不停地拉开相互的差距，它是一种不均等的、不平衡的交换。

2.2.4　耗散结构理论的系统开放性思维方法及其影响

所说的系统理论就是进行全部的整体性的研究。普里高津提出的耗散结构论在系统理论的发展历史上是一个分界线，它把系统理论从静态的结构转变成了动态的结构。有的学者认为："系统研究在早期的时候，任务主要是掌握住系统的一些普通的属性，还有就是确定下来对系统的、整个的科学态度；系统研究在耗散结构理论以来，主体就是凸显出系统的演化与发展的过程中体现出来的规律与整个属性，而且出现了自组织理论作为标志的全新科学理论。"1977 年，通过耗散结构理论普里高津得到了诺贝尔化学奖，其有关系统由混沌到有序的演变的探讨，严重影响了社会科学、自然科学、人文科学的探索与研究。作为很有名气的未来学家，托夫勒指出耗散结构论"让物理学与生物学组合到了一块，人文科学与自然科学组合到了一块，必然性与偶然性组合到了一块"。"普里高津在所指的'布鲁塞尔学派'里的同事们及其自身的工作也许是代表了下一次的科学革命，他们的工作不但面向了自然，还与社会展开了新的交流"。

沃勒斯坦提出的世界体系理论主要探讨的是社会体系的演化情况，其实它也是一种系统理论。现代世界体系是沃勒斯坦提出研究的理论，它本身是一个不断变化的动态演化进程的体系，具有自己的出生与灭亡的生命过程，具有社会系统的现代世界体系，在其功能作用上拥有了耗散结构的特殊性质。一个整体的理论，19 世纪的社会科学受到一种整体论—世界体系理论的"否思"，就像耗散结构论挑战传统的自然科学的样子。普里高津的耗散结构理论得到沃勒斯坦的极力推崇，沃勒斯坦认为："自然科学和社会科学被普里高津给统一了起来，普里高津的统一没有依赖于把人的活动只看成 19 世纪假设的其他一些自然活动的变异，而是致力于把自然的活动看成创造性与创造力这个过程的颠倒的基础之上。实践表明，实际上这是对文化的一种冲击。"2004 年，沃勒斯坦出版了《知识的不确定性》一书，他就是为了怀念被称为人文学家、科学家与学者的普里高津。普利高津的耗散结构论在沃勒斯坦的理论系统中占据着重要的位置，沃勒斯坦在有关整体性分析与超越学科边界的方面，把年鉴学派与耗散结构理论结合了起来。此外，沃勒斯坦与普里高津是搭档。在 1993 年的时候，沃勒斯坦建议古本根基金会组招一批国际上有名的学者开辟重建社会科学委员会，其成员构成是两位人文科学家、两位自然科学家与六位社会科学家，沃勒斯坦担任主席职务，而普利高津正是两位自然科学家其中之一。《开放社会科学：重建社会科学报告书》是该委员会的研究所得，报告书体现了两位学者理论体系的整合，报告书倡导的理论构建中运用了普里高津耗散结构论里的时间之矢、混沌和秩序、世界的"返魅"与分叉点等一些核心的概念。普里高津的耗散结构理论是世界体系理论来源之一，世界体系理论在时间之矢、复杂性研究与世界的"返魅"三个方面受其影响。

随着自然科学地不断发展，时间观念也跟着不断地演变。牛顿代表的经典力学指出时间是客观地存在着，跟空间是无关的，互相独立的。时间具有绵延连续的特性，其在不断地均衡消失。牛顿认为："真实的、绝对的时间在不断地流逝，它的流逝是均衡的，跟其他的所有的外在事物都是无关的。可以称之为'延续性'，表象的、通常的与相对的时间延续的是一种外部的、可感觉的，是由运功来表现衡量的，通常就用我们平时所能感受到的年、月、日、小时等度量来代替真实的时间。"时间在经典的科学中是可有可无的，因为此时和彼时没有什么区别，过去和未来也没有什么不同的地方。时间维度在牛顿的力学方程式中，不管是 t 还是 –t，都是相同的结果，这表明牛顿力学的方程式是可以逆转的。我们在经典科学的世界模型中，可以从未来与现在通向过去，反过来也是如此。我们把这种不考虑时间进程的重演称之为"可逆现象"。在 19 世纪，物理学的发展重心发生了转移，开始由动力学转向了热力学，热力学第二定律的产生，让时间成为人们关注的问题。热力学第二定律在如今的教科书中阐述为："热量从低温物体传导到高温物体没有产生变化是不可能的"；"从单个的发热源吸收热量，使其完全转化成有用功，又不产生其他的一些影响是不可能。"热量传导的方向性在热力学第二定律有所描绘："有规则的分子运动的机械能是完全可以转变为无规则分子运动的热能；然而，热能不可以完全转化成机械能。熵这种热能，不可以转化成功。但是，每一个化学的或物理的过程总会朝熵增高的方向发展。"假设照着这条规律，宇宙的能量是在损失的，宇宙这个机器逐步在走向"热寂"。这一过程在所难免，原因是我们无法逆转宇宙进而改变熵值。时间是无法逆转的在宇宙机器这个非永恒的过程中，原因在于此时与彼时不一样，所有的事情都不可能重新来过。时间具有方向性，也就是一维性，所以我们只可以由过去走到现在，再由现在走向未来，是无法回到过去的。

一场人与自然的对话曾被近代的西方经典科学所引起，人与自然的对话颇有收获，却带来灾难性的结果，普里高津指出。大家见到的两种文化的对立很大一个方面的原因是许多社会科学与人文科学中普遍认为的时间定向观点与经典科学的无时间观点两者之间的碰撞独立。经典科学认为基本的过程是可逆的与决定论的，而不可逆性与随机性的过程是种例外。普里高津认为经典科学考虑到的模型仅发生在少数的场合，并且里面一些场合还是由人制造的。几十年科学的不断发展让"我们越来越多地认识到在所有的层面上从基本粒子到宇宙学，不可逆性与随机性的作用越来越大的事实情况。时间正被科学开始新的认识"。时间不但贯穿于社会科学、地质学与生物学里面，还贯穿了曾经被排除在外的微观层次与宏观层次里面。不仅生命有自己的历史，宇宙也拥有自己的历史，这点意义深远。

普里高津指出，时间的复杂程度远超我们的想象。首先，时间具有多等级与多层次。普利高津在等级上把时间划分为"第一时间"与"第二时间"，也就是"外部时间"与"内部时间"。经典科学里的时间是第一时间与外部时间，也是运动与动力学时间，并且是可逆的，还是均匀流逝的；内部时间也被叫作第二时间，它是演化与热力学时间，并且是不可逆的、随机的与不均匀的。外部时间应用于简单的他组织系统上，然而内部时间则应用在复杂的自组织系统上。普里高津在层次上把时间划分为三个层次：一是涉及动力学的时间是和运动有关系的参量，是可以逆转的；二是涉及热力学的时间具有特殊的方向性，是无法逆转的；三是涉及社会学与生物学的时间与事物的演变有关，指的是耗散结构的时间。时间的不同等级与不同层次是有关系的，它们是相互区别相互统一的关系。"一方面，我们实体是一部分对立行动产生的，但是也许让某个单个的内部时间来表示。另一方面，集体里面的一位，我们属于自己参加的内部时间里的更高的一个层次"。其次，时间与空间是无法分开的，和内部时间呼应的是系统的空间。普里高津认为："不可逆性，也就是空时里包含的活动性，使空时的结构发生了变化，'空间与时间的选择'更加动态的含义替代了空时静态的内涵。"系统演绎变化的量度为时间，而系统演绎变化的状态则为空间。系统不一样，时空则不同，系统的差别性导致了时间与空间的相对性，而系统的不可逆性与演绎变化则是绝对的。

普里高津提出的耗散结构理论，里面的不可逆性与时间问题是两个关键的定义，是沟通存在至演化的纽带。时间，特别是内部时间的运用，致使时间的实在性使科学有了一次新的发现，时间的发现，我们开始了更进一步地探讨不确定性与复杂性的前提。普里高津对此指出："时间是在不平衡的世界里内部进化的量度，而不再仅仅是一个单一的运用的参数。然而，假如建构起了这个时间的实在性，人文和科学中间更进一步统一起来的主要难度就不再存在了，我们也不用在'理论'宿命和'实践'宿命二者之间做选择了，明天独立于今天之外。"普里高津所提出的耗散结构论里面的时间观点被沃勒斯坦所采纳。沃勒斯坦提出的现代时间体系作为一个历史的体系，有着自己本身的演绎变化的生命过程。历史体系就好像宇宙系统一样，由于"时间之矢"的出现，不同的阶段都是不一样的，就如"假设整体系统在 Y 时段是某种状态，而在 X 时段则成为另一种状态"。社会系统在宇宙中相较于其他系统，显得更为复杂。沃勒斯坦认为："假设数学家与物理学家告诉给大家，在他们所研究的领域真理存在是非决定性与复杂的，并且依靠于时间之矢，对社会科学家而言，这意味着什么？人类社会系统在宇宙间的所有系统中，是存在系统中的最繁杂的结构，因为它稳定的平衡状态最短，牵涉的变数也是最多，所以它的结构是最不容易研究的。"说起历史体系来，它们在一些特定的地点与时间产生于特定的原因，而且是按着属于自己的一套特定的规律进行运转，然而，在另一些特定地点与时间，那套规律就不再有效果，历史体系也因此走上了末日。

"时空"含义被沃勒斯坦提出时，就是表明时间与空间是相互联系的不可分割的统一的整体。同时，沃勒斯坦把普里高津与布罗代尔的多元时空和三种时段结合了起来，提出了另一种的时空理论，也就是所说的五种时空：转型时空、永恒时空、结构时空、周期—意识形态时空与地缘政治时空。功能是作为体系的"微观结构"存在的，时空组织或广领域的空间则是"宏观结构"的存在，升降致使微观结构的局部发生了变化，这样促使了宏观调控的进一步的变化发展，普里高津指出。普里高津的这个提法在沃勒斯坦看来，应该应用于广领域长时段分析单位的整体的框架，微观结构作为周期，宏观结构为趋势方向。即是微观与宏观结构相互对应世界体系中的周期与趋势，而周期是现代世界体系的升降或者说涨落，趋势则为现代世界体系演绎变化的过程。沃勒斯坦在以多元时空为条件下，探讨了现代世界体系转型、学科一体化及其复杂性研究中的自由意志与不确定性问题。

世界是简单的，经典科学坚信这一点。经典科学甚至提出了和谐与完美的世界来源于简单。在经典科学家看来，宇宙犹如一个机器，时间是可以逆转的，把各个部分聚集在一起就组成了一个整体，而各个部分的组合与整体相比，既不大于，也不小于，而是等于。经典科学的中心模型就是这样一个简单的机械宇宙，不单是自然科学领域受其影响，社会科学里面的分析方法一样受其影响。普里高津提出的耗散结构理论完全扭转了世界研究的简单性的这一认识，提出复杂性是一种通常的社会与自然现象，并不是人们所认为的只存在于人文科学与生物学的特殊情形。科学的不断发展变化，让人们更加注意到化学与物理学领域也是存在着不可逆转的演绎变化过程，这个过程的复杂性在不停地增加着。普里高津提出："从六十年代以来，我们正注视着在物理学与数学中掀起的一场革命，它们在促使大家接受一种新观点—描绘大自然的观点。很长时间以来，不论是经典力学平行发展与动力系统论，还是不可逆现象与热力学，它们最终一块提出了一条必经之路：有序与无序、简单跟复杂之间的间隔比人们常常想象的窄了很多……简单来说，复杂性不再仅限于生物学了。它正在进军物理学的领域，好像已经生根于自然的法则之中了。"经典科学的研究方法需要重新开始方向确定，也就是"科学的爱好正不断由简单性转向复杂性，打破了微观世界中简单性的信念，这个方向性的转变导引着大家把心思面向新方法与新概念"。

系统的开放性影响着复杂性的形成。复杂性的出现不管是热力学第二定律还是牛顿力学都说明不了。前者指的是一个孤立系统，钻研熵简洁单一的平衡状态与自发增加；后者指的是一个简单的系统，钻研微观方面的事物。耗散结构论所探索的是非平衡态热力学与开放的系统。如果一个开放系统远离了平衡态的时候，负熵被环境与系统在作用中吸收掉，然而，如果负熵高于系统熵增的时候，系统里面的熵增则转化为熵减，进而让系统进入有序。普里高津认为："在离平衡态远的地方，自发地产生了一部分的新型结构。在离开平衡的状态下，也许我们可以得到由这样一种变化—由无序、热混沌到有序。也许会产生一部分物质的新力学态，表现出了它周围的环境和给定系统相互促进的状态。而这些新的结构被我们称之为耗散结构，进而着重表现出耗散过程对那些结构形成过程的不小的促进作用。"复杂性的基本要素包含有长程秩序、对称破缺、分支、稳定性与非平衡等。开放系统、自组织性和复杂性三者结合在了一起，如果没有开放的系统，那么就不会有系统的自组织性，开放状况下的系统完成了从无序到有序、从简单到复杂的演绎变化过程。我们通过复杂性研究了解到了生物学、化学与物理学三者之间的相关、相似性，发现了社会和自然之间的统一性，还有在这的基础上组成的人文科学、社会科学与自然科学三者在研究领域间的紧密联系。普里高津提出："在自然界中被发现的难以想象的复杂性不但没有阻碍科学的进一步发展，反而加速产生了一些新的概念结构，而这些产生的东西正是包括我们自己在内的物质世界所不可缺少的东西。"

经典科学所运用的是可还原性与简单性，然而耗散结构论则与之不同，它所强调的是整体性与复杂性。在经典科学里，复杂的东西能被拆分为各个相较简单的局部进行探究，而各个被拆开的局部也可以组合为整体。在耗散结构论的认知里，系统是无法拆开与还原原状的。因为整体超过部分的总和，只能从整体的角度作为出发点，才可以明白局部，才可以真实地探究复杂性。所以，在沃勒斯坦看来，社会科学的研究应是复杂性的研究。人类社会体系可以说是宇宙间最为繁杂的体系，社会科学则把人类社会体系作为研究者，可见社会科学的复杂性研究比之自然科学难度更大，更重要。人类社会体系也就是所说的历史体系，而历史体系都被认为是复杂系统，都是相互独立的。一方面，历史体系具有起源与终结的生命过程，也具有特定的时空范围以及体现趋势、限制与规则的结构；另一方面，历史体系和它的外部环境中间是一个敞开的互动的关系。化学和物理学系统里面的复杂性远小于历史体系所探究的复杂性，原因是在历史的体系中，作为实践主体的人可以对体系的变化产生影响。沃勒斯坦与普里高津都参编了《开放社会科学》一书，书中有着这样一段话：把复杂性引进社会科学里面，19世纪的社会科学的一些前提已经不复存在，剔除了社会科学和自然科学中间的分界线。自然科学的发展方向就是把宇宙看作一个具有能动性的实在体，而不是一个不具有主动性的机器。而这个所谓的具有能动性的实在体是无法逆转的，不确定与非稳定性的。社会科学既然把历史体系作为研究的对象，那朝这一方向转变是势在必行。结果就是社会科学与自然科学中间的间隔在慢慢模糊。沃勒斯坦指出："有关复杂性的研究最应该关注的是抓牢科学的分析，仅仅否定牛顿式的决定论。一些前提被倒置，特别是为了时间之矢的含义，进而抛弃了可逆性的含义，自然科学朝着社会科学的传统领域，也就是让现实阐释为被构建的现实，迈出了极大的一步。"因而，社会科学的方法论深受复杂性研究的影响，复杂性研究让"特殊论与规范论中间不同的伟大的方法论的争斗被消除了。"

主客体关系在认识论中，是一对基本的范畴，自然科学领域中，它历经了由"祛魅"至"返魅"的过程。经典科学认为"祛魅世界"，指出它作为分析对象，彻底地独立于主体的外面，世界是固定的，有所指的。所以，经典科学家用一种超脱的态势去需求他们的所需，也就是绝对客观性地去描绘一个世界。普里高津主张的"返魅世界"，具有两层内涵：一个是道出世界或系统发展的不确定性，另一个是表明主体的在场。经典科学提出若是以世界的简单性、时间的可逆转性与系统的封闭性为前提，随便给一个初始的状态，以动力学定律为依据，就能推敲出它在何时的何状态。所有的动力学系统中，运动规律完全可以用 F=ma 这个公式来表示，拿轨道的特性来表示变化着的规律。然而，"轨道的基本特性囊括三者：可逆性、决定性与合法性"。"了解到了作用力，每个态就足够可以彻底地敲定了此系统，不仅可以确定它的将来，还可以确定它的以前。所以，在任何一个时候，所有的都是一定的"。这种决定性被普里高津称之为"拉普拉斯小妖"，此说法源于拉普拉斯的一个设想，他设想一个超级的小妖，因为它了解支配宇宙的一切力量，可以在任何一瞬间查看到宇宙中任何一个物体的速度与位置，还可以推演其变化，不管是追溯过去还是展望未来。决定论的规律原理在经典科学中发挥着支配的功能，无论什么样的结果都是必然的与被敲定的，而随机性与偶然性被排除了。社会科学中渗入了经典科学的决定论，这样让社会科学家们不断地努力去寻觅能囊括所有的普遍规律，进而用这个规律阐释与预测人类历史的变化进程，里面一个极其重要的观点就是人类社会的发展进步是毋庸置疑的，什么样的群体与个人无论怎么努力都不可能扭转历史的已确定的进程。

但是，普里高津认为，系统的演绎变化来自偶然性与必然性的统一。在一些领域是一定的，而在另一些领域则是不一定的。平衡态的系统存在，可以让监控参量的升降不能被放大，也影响不了系统的状态，系统却是向着某种一定的态演绎变化，此种稳妥的行为致使我们语言可以成为演化阶段的任何态；在系统远远离开平衡态时，此种升降也许会被扩大，假设到达了一个临界点也就是分叉点，系统的下一个状态在分叉点上是没有办法敲定的。系统稳定状态的时候，也就是两个分叉点中间，确定性有着支配性的功能，投入与产出是对称的；不确定因素与升降在系统的临界点上拥有主要功能，这时的投入与产出不对称，小的投入也许会有大的产出。此种情况相似于洛伦兹这个美国气象学家所界定的"蝴蝶效应"。普里高津认为："能计算出一组可能的态与各自的稳定性的这个动力学方程的决定论特点与在临界点周围的各态中间选择的随机升降紧密地联系在了一起。此偶然性与必然性相互组成了此系统的历史。"所以，想要根据以前的所知条件来推演未来是难度非常大的，原因在于随机参量对事物有着重大的影响。经典科学家作为一个观察者的身份，他们在探究世界的过程中要保持中立的态度，让自己超脱于研究对象的局外，就比如独立于局外的第三者，因为经典科学家们仅仅是探究者，而非当事参与者。我们见到的是主体的不在场通过主客体来观察。经典科学家们的这种超脱性不被普里高津认可，他指出无论哪一个研究者都归属于特定的文化，不仅是特定文化的产物还要给它做出贡献。研究者们不仅是观众，还是演员；不但是观察者，而且也是参与者，主客体是一致的。普里高津认为："无论在相对论、量子力学，还是在热力学中，多种多样的不可能性证明给我们显示出了自然界不可以从外观加以描绘，不可以被一个局外的人来描绘。描绘可被认为一种通信，一个对话，通信的限制显示出我们是镶嵌在物理世界中宏观存在体。"

人类社会是一个繁杂的体系，所以在社会科学的研究过程中，耗散结构的作用意义重大。普里高津在《从混沌到有序》书中的结尾写道："社会是极其繁杂的体系，隐含着极大数量的分叉，在用一段较短的人类历史中演绎变化的各种文化作为论据。我们了解，此种体系极敏感于升降。这给人以希望，同时也使人生出威胁。给人希望，原因在于仅仅是一个小的升降，也能导致提升进而改变了整个的结构。最终，个别的活动也是重要的。另一面，令人产生威胁，原因在于我们的宇宙里面，永恒的、稳定的规则的安全可靠性去而难返。"

沃勒斯坦用了"世界返魅"这个普里高津的概念，把这个概念应用于解析现代世界体系。如整个历史体系同样，现代世界体系是具有生涯的。它历经了产生、平衡态发展，最终离开了平衡态，结果走上了分叉与消亡。沃勒斯坦认为，现代世界体系再存在五十年的可能性不大，它的生命进程将要终结。这个新的转型时空分叉点上，有两点是确定的：一个未来的结果没有办法确定，因为我们无法知道新体系是更好的还是更坏的；另一个小投入大产出，实践对新体系产生的影响远大于平衡态的时候。而这两点"世界返魅"的含义就是沃勒斯坦所引用的。

由上所述，我们可知沃勒斯坦与普里高津的主要的研究方向不一样，然而，他们两人都在不断地加大消融掉"两种文化"间的紧张对峙，完成人跟自然的统一。就好像普里高津所提出的："可逆性被时间之矢代替，整形维度被分形维度代替，远离平衡的态势走向分叉取代线性，决定论被混沌代替，确定性被可能性代替，人文思想与科学没有实质上的不一样，科学是组成文化的一部分。"因而，人类社会和自然并不是对峙的世界，反而是一个统一的实体。沃勒斯坦同样认为："普里高津构建的两个互相联系的因素在整个社会科学的论点里面成为分析的核心。"此二因素分别是：一为时间的不可逆转性，这就是时间之矢；另一是社会实体与物理的不可决定性，此因素与世界"返魅"跟复杂性研究有关系。

第 3 章　沃勒斯坦
世界体系的马克思主义理论

　　沃勒斯坦是世界体系的马克思主义理论的代表人物，本章梳理了沃勒斯坦的世界体系的马克思主义生成的历史背景及产生的理论渊源，在此基础上深入开展了对沃勒斯坦的世界体系的马克思主义的理论研究。沃勒斯坦通过游历加纳、法属阿尔及利亚以及西非海岸等国家，实地考察了解到非洲的殖民主义的统治之现状，通过研究非洲殖民主义这样的现实切入点，沃勒斯坦从马克思原著之中获取了灵感，达到了对世界体系的理论解析。沃勒斯坦认为，资本的主要的社会组织的形式便是其所谓的世界体系。当代的世界体系其实属于世界经济的体系，始于 16 世纪欧洲的世界体系逐渐扩展到了当代全球所有的地区与角落，这样的无序扩张状态的背后其驱动力就是资本的不断积累，也就是资本主义制度导致的扩张。当代世界体系本质上就是资本主义的体系，这是当代的世界体系最主要的核心内容。沃勒斯坦认为，变化中的世界体系会呈现出周期性结构，体系当中制度也在不断地进行创新。按照沃勒斯坦的观点，任何事物都是发展变化的。需要采用历史性之态度去看待问题，去理解社会的体制变化；在世界体系的基本结构问题上，沃勒斯坦发展了三个地带划分理论。关于三个地带划分理论，沃勒斯坦深受法国年鉴学派和拉美独立学派的影响，沃勒斯坦从一个更长的历史时期和更广阔的地域空间对世界进行了划分，即核心—半边缘—边缘三个地带的划分；在全球化背景之下资本主义的基本矛盾的理论分析方面，沃勒斯坦预言世界体系最终将会解体，主要有两个方面的原因：首先，在未来的资本主义体系之中人们所得利润都将会越来越少，另一个方面就是衰败的政治因素，可以说国家的作用愈来愈弱，社会当中人口数量激增，收入的差距不断扩大，人们对于未来的发展充满了迷茫；沃勒斯坦的世界体系的马克思主义提出来以后，引起了西方学者的广泛关注，西方学者对沃勒斯坦的世界体系的马克思主义呼应和反应很强烈。在世界体系的研究学者之中，最著名的代表性人物当属弗兰克和阿瑞吉，他们在沃勒斯坦之后对世界体系进行了极有成效的理论研究。

3.1 沃勒斯坦世界体系论生成的背景及其理论渊源

在全球化的今天，对于资本主义相关问题地探讨是非常有必要的。沃勒斯坦预言世界体系最终将会解体，主要有两个方面的原因：首先在未来的资本主义体系之中人们所得利润都将会越来越少，这是由于资本主义的经济体系模式自身存在的限制，不是人们通过做什么就会有所改善的。沃勒斯坦发现了全球资本主义发展存在一定的限制，另一个方面，他还察觉到衰败的政治，可以说国家的作用愈来愈弱，社会当中人口数量激增，收入的差距不断扩大，人们对于未来的发展充满了迷茫。从过去几十年发展的状况能够得出结论，贫富差距逐渐增大。

3.1.1 沃勒斯坦思想形成的背景

伊曼纽尔·沃勒斯坦于1930年在美国的纽约市出生，1951年的时候获得了美国哥伦比亚大学的学士学位，并且攻读博士的学位，师从于导师赖特·米尔斯。1955年沃勒斯坦为了博士的学位论文的撰写只身前往了法国巴黎，师从于年鉴学派中对非洲问题颇有研究的著名学者乔治·巴兰迪尔，主要研究非洲殖民主义问题。与此同时，沃勒斯坦还游历了加纳、法属的阿尔及利亚以及西非海岸等国家，通过实地考察了解到非洲的殖民主义的统治之现状；1959年的时候回到了哥伦比亚大学准备进行博士论文的答辩工作，最终荣获了博士学位，同年他留在学校任职于社会学系。沃勒斯坦所任教的哥伦比亚大学里边聚集了很多思想比较激进的研究者，比如马尔库塞、赫夫斯塔德、米尔斯、波拉尼等有名的人物。哥伦比亚大学中学生的思想倾向受上述这些激进学者的影响而变得历来都是很激进的。1968年，大规模针对美国侵占越南事件的抗议活动在广大学生中爆发，并且很快蔓延到了欧美各国。哥伦比亚大学学生率先在美国北部的地区发起了抗议的活动及反战游行，并且很快地将此运动延伸到了北美的其他城市，规模空前巨大，哥伦比亚大学因此成为北美学生抗议与反战活动的中心。沃勒斯坦由于支持并投身学生们抗议的活动，被迫在1971年辞去了哥伦比亚大学的教职，而后任职在加拿大蒙特利尔市的麦吉尔大学。在1976

年，沃勒斯坦接受霍布金斯之邀请才返回美国纽约，应聘了纽约州立大学宾厄姆顿分校的社会学系教授；同一年，他又在该学校创建了布罗代尔经济、历史体系和文明研究中心，并且担任了此中心的主任，全面主持了此中心相关的学术理论研究工作。直到现在，沃勒斯坦依然称得上美国的纽约州立大学宾厄姆顿分校优秀杰出的教授，还在担任国际社会学协会的主席等数十个学术的职务。沃勒斯坦的思想是个性鲜明、比较激进的，著述有很多，观点比较新颖且理论见解很深刻，其影响是非常广泛的，国际学术界公开称赞他为当代新左派的思想领军人物。

在沃勒斯坦的学术生涯中，世界体系的马克思主义理论的创建、完善以及推广可以说是沃勒斯坦最为突出的学术贡献。沃勒斯坦曾经在 1974 年系统地对世界体系进行了理论分析，其标志性成果就是正式出版了《现代世界体系》的第一卷。在后来的三十多年时间里，他不但陆续出版《现代世界体系》第二卷、第三卷，并且还写成了很多相关的学术论文，这些著作和论文运用马克思主义去补充并且修正他的关于世界体系的理论，同时沃勒斯坦也运用了世界体系分析理论去对马克思主义进行修正。世界体系分析因为马克思主义理论参与渗入从而变得较为深刻，且它的影响力是在与日俱增。在世界体系的马克思主义理论当中，世界体系分析可以说是作为沃勒斯坦理论和方法之外在的形式，而马克思主义是构成其理论和方法之内在精神。

沃勒斯坦在非洲及巴黎的研究学习经历，以及加上 1968 年的革命之体验为他后来创建的世界体系分析提供了最直接的思想资源及原发的动力。沃勒斯坦经过对非洲相关问题之研究，对依附理论及西方现代化的理论都获得了非常深刻的领悟。20世纪 50 年代初期，沃勒斯坦在两次的国际青年会议上认识了很多来自非洲的朋友，了解到了有关于非洲许多问题的真实情况。在那个时候，沃勒斯坦就已经萌发了要对非洲进行实地考察的想法，并且还因此制订了较为详尽的行动计划，甚至还把研究非洲的问题当作一个长期的选题进行研究的打算，正像他之后所表述的一样，他决定把研究非洲问题作为其学术研究以及持续努力之焦点并非只是一时的冲动，确实是其长期所要计划研究的一个部分。况且，沃勒斯坦于 1955 年的时候获得福特非洲合作基金的赞助，这也为其落实非洲研究计划提供切实的保证。

3.1.2 沃勒斯坦思想形成的理论渊源

起初，沃勒斯坦想要把博士学位论文题目定为"黄金海岸（加纳）和象牙海岸志愿协会在民族主义运动兴起中的地位"问题。可是，通过对非洲的问题不断深入的了解，沃勒斯坦发现了非洲的问题并不是一个博士论文就能够解决的，由于非洲的问题同西方现代化的问题是联结在一起的，非洲问题从本质上来讲就是西方现代化的问题，想要真正弄清楚非洲落后之真相，首先就必须先弄明白西方现代化的本质。于是沃勒斯坦下定决心，在完成博士学位论文之后再对非洲的问题进行深入研究。此类研究的成果有很多，包括《非洲：传统与变革》《迈向独立之路：加纳和象牙海岸》《非洲统一的政治学：一种当代社会运动的分析》《非洲独立的政治学：非洲现代史论》《资本主义世界中的非洲》《西非的种族和民族整合》等，这些著作向人们客观地反映了非洲问题的真实状况。沃勒斯坦经过不断地对非洲进行实际地考察，掌握了非常多的实际资料，对于非洲问题及西方现代化的问题都有了非常新的领会。沃勒斯坦也坚信，非洲的问题是有着不容忽视的研究价值的。

第一，对非洲问题的研究有利于揭露西方现代化本质以及西方现代化的理论之不足。依照沃勒斯坦的观点，很多非洲的国家及地区很久以前就已经追随了西方的资本主义现代化的体制，但是很多非洲的地区实际上也没有因而取得同西方发达国家一样的发展，反而是加剧了其贫穷和落后。这个事实就说明了资本主义的现代化在其本质上并不是一些非洲国家与地区摆脱贫困、发财致富的根本出路，所以所谓的现代化的发展，只能是让西方的发达国家与地区不断发达，而很多的非洲国家与地区却逐渐贫穷和落后。可以说，沃勒斯坦通过对非洲问题的不断研究，他逐渐意识到，西方的社会研究者们所提供的现代化的方案也并非适用于整个非洲，这就促使沃勒斯坦对现代化的理论进行重新地思索，并且把眼光放到同非洲发展紧密联系的西欧的世界体系研究上。尤其值得一提的是，沃勒斯坦由一开始对非洲现代化问题的反思转向为对西方现代化的理论批判，及那些同现代化的理论一同出现于西方学术界的社会科学的理论，例如他反思了波拉尼的市场的自我调节、熊彼特的关于资本主义的成功经济，还有普雷维什的关于资本主义的国际经济体系等理论，这些理论观点主要着重在资本主义的世界经济是如何自我发展与自我协调的，为了维护那种经济的体制不平等交换作为目的，试图通过所谓的平等交换和公平竞争原则掩盖资本主义的现代化进程对其落后的国家与地区形成的危害。从大体上来看，沃勒斯坦运用了世界体系分析从而揭露出资本主义的世界经济体制以及现代化真相，对此做出辩解的那些理论之自私、抽象和伪善的本质做了批判，所以说沃勒斯坦世界体系的马克思主义理论之批判对那时西方的社会科学界所普遍信奉的现代化的理论毫无疑问产生了一个相当大的冲击。可见，非洲的问题在现代世界历史体系当中是比较重要的一个问题，是对西方的现代化以及理论反思最佳的例证，是评判其西方现代化的得失最为关键性的一个参照系。

第二，非洲问题之探究有利于人们对美国的主流的学术范式的固有缺陷进行深刻地反思，开拓了理论研究的国际视野。20 世纪中期美国学术界对非欧美的问题进行研究是比较轻视的，习惯性地认为美国政治的问题是主流的研究领域。沃勒斯坦则很明智地认为此种认识是十分错误的。当时主流的学术范式是把所有世界的发展问题全都归结为美国的政治问题，又把美国政治、经济制度以及文化的模式全都确定为现代世界的最好标准与样板，并且对广大的第三世界国家与地区进行强行的推销，要求其完全地照搬接受。沃勒斯坦对主流的学术思考范式比较反感，毅然地放弃对于美国的政治问题之研究，转向了对非洲的问题进行思索。沃勒斯坦认为，不论是从学术和政治之间关系角度看，还是从其本身经历去看，选择把非洲问题作为其研究的对象均是合理正确的。沃勒斯坦在中学毕业之后，就对非洲的问题有着很强的兴趣。他对现代印度的很多事件都比较关注，并且还阅读了很多尼赫鲁和甘地的著作。沃勒斯坦对 1951 年至 1952 年所接触的非洲结识的朋友的情形进行了描述，他突然发现其选择恰巧是国际的学术研究之内在的需求，在某种程度上克服并纠正了当时的主流的思考范式所存在狂妄自大与片面性，为当代的国际学术界提供了非常重要的理论资源。

第三，研究非洲的相关问题有利于对学术研究的方法进行正统的变革。所谓的正统理论研究的方法其实就是流行在 20 世纪 50 至 70 年代国际学术界，在美国的教育体系之下总结出来的价值原则和研究的方法，这其实是一整套以美国的问题作为核心的比较封闭性的理论研究的方式。沃勒斯坦指出，当非洲的问题研究进入国际的学术界视野以后，此种正统研究的方式就会受到很大挑战，由于非洲的问题是资本主义的世界经济发展的问题而并非个别的问题，所以需要把非洲的问题置于世界发展大背景之下，也就是放在资本主义的现代化整体发展的进程当中去加以研究，这样的研究必然会有大收获。这就要求人们不要选择封闭性的研究方式而要选择开放性方式，从世界整体性的视角出发来思考有关非洲的发展问题，而不是在美国正统性上去对世界未来进行规划，这也就是要求人们要用世界体系的分析方法去替代全球化的思维。沃勒斯坦坚信其非洲的研究是运用较为开放的眼光去看待当代的世界政治的问题和如何进行分析现代的世界体系历史研究问题。正是由于非洲的问题对他所接受的教育提出了一定的挑战，所以沃勒斯坦开始逐渐意识到了分析方法是值得其怀疑的。对沃勒斯坦本人来讲，以往的研究范式似乎曲解其解释，并限制其实际的分析。一直到了 20 世纪的 70 年代，沃勒斯坦开始宣称他正在尝试着从长远的眼光也就是其称之为世界体系分析方法来对世界进行总体考察。显而易见，这种经历与研究，成为其从事着世界体系研究之缘由。这便预示着，非洲方面问题研究很大程度上助推了其世界体系分析理论的问世，也表明了在世界体系的分析视域下对西方的社会科学的研究方法进行变革，已成为沃勒斯坦进行研究之必然的选择。

20 世纪中叶，沃勒斯坦去了巴黎主要就是为能够使博士学位论文顺利地完成，师从于年鉴学派学者乔治·巴兰迪尔，在北非与巴黎研究非洲殖民主义的一些问题，这个阶段研究的生活让沃勒斯坦总结了四个方面的学术启迪：一是以非洲的问题探索牵导出对于不平等发展的问题的思索；二是以巴黎激进主义的文化与政治情怀或者新左派的思想所导出来的对马克思主义理论及方法的探索；三是以年鉴学派理论和方法逐渐导出对于大时段的分析研究方法的思索；四是在 1968 年的工潮与学潮中导出来对于反体系运动之思考。沃勒斯坦不但在巴黎同众多的年鉴学派学者们，特别是布罗代尔学者们结下了非常深厚的研究友谊，并且在美国的纽约州立大学宾厄姆顿分校还创建布罗代尔经济、历史分析和文明研究中心，还长期的领导与践行着年鉴学派的方法和理论，单从此类学术活动来看，人们均有足够的理由去认可世界体系分析的确能够视作年鉴学派的方法与理论的继承和创造性运用。

年鉴学派是由于 1929 年法国的历史学家马克·布洛赫以及吕西安·费弗尔在斯特拉斯堡所创建的《历史、经济和社会年鉴》的刊物而得名的。此学派发展大体上经历三个阶段。1929 年至 1945 年为第一个阶段，是该学派创立的时期，其中代表的人物为布洛赫与费弗尔；1945 年至 1968 年为第二个阶段，为年鉴学派制度化的时期，代表人物就是夏尔·莫拉泽及布罗代尔。在 1946 年的时候，他们便把杂志改名为《年鉴：经济、社会和文明》；1968 年一直到现在为第三个阶段，为年鉴学派创建新史学的时期，代表人物为毕尔吉埃尔、勒戈夫、费罗等人。年鉴学派为 20 世纪的欧美史学界反响很大的一个学派，它认为需要对全人类的活动以及相互的关系进行研究。年鉴学派第二领袖就是布罗代尔，曾经在他的《菲利普二世时代的地中海和地中海世界》《资本主义论丛》《文明史纲》《15 至 18 世纪的物质文明、经济和资本主义》等著作中，对以前历史科学的方法论之缺陷展开了比较猛烈的批判，提出一种全新研究历史的方法，那就是长时段的研究方法。布罗代尔认为，以前的历史相关著作仅重视历史的事件比较短期的研究，这就使社会科学的研究误入歧途。全新研究的方法基本上有两个方面：一个就是在历史研究的过程中，除了要对短时期进行研究之外，应该加强历史长时段的研究；二是不仅对政治的事件进行研究，更是要注重对其日常生活结构进行研究。在布罗代尔研究方法当中，把时间作为分析的单位，此种时间的度量主要有三种：短时段、中时段与长时段。所谓的短时段，通常是指传统的历史学家集中研究一些历史的事件，比如一场洪水、大火、小麦的价格、一件具体的事情。此类短时段发生的事件，是比较变幻莫测的并且极具欺骗性质的事件；中时段则是指局势，相对要稳定一些，往往是指人口的增长、价格的波动、利率的波动、工资变动、生产的预测及其货币分析等。在时间方面，往往是介于长时段与短时段之间，时间有可能是 10 年、25 年，当然也可能是康德拉捷耶夫所说 50 年的时间；长时段就是在相当长的一段时间内所起作用的一些因素，比如气候的变迁、地理格局的变化、社会的组织形式、思维方式及其文化的形态等。长时段通常是以几百年、多则几千年作为其计算的单位，它是处在历史最深层。

从大体上看，三个时间量度均是意义深远的分析的单位，但布罗代尔最为看好的是长时段。在他看来，虽说历史的时间是基于中时段与短时段所构成，但是如果纵观整个的人类历史而言，长时段的时间依然是可以把握的，所以长时段，对人们来讲，似乎就是思考与观察最有效的路径。这其实告诉我们，运用大历史的视野既是必要的也是可行的，这个方法也是所有的社会科学共同追求的目标。用长时段对历史进行观察，历史似乎是处于相对静止的状态。但是在此种貌似静止的历史中其实存在着一个相对的稳定结构，此种结构对人们领悟到人类的社会真谛起着很大帮助作用。人们需要特别注意，布罗代尔对长时段如此看好，主要在于其具有两个方面的优势：一个是对历史结构化的考察，另一个是对历史进行静态的观察。世界历史，对其本质来讲，既可以说是某种结构也可以说是时间，既可以去采用所谓时间的方法去进行考察，也可以同时对历史的发展做结构性的思维把握。

在沃勒斯坦看来，布罗代尔时间的度量，尤其是长时段作为世界体系的分析比较有效的方法论的资源。他认为，布罗代尔与普里高津均影响到自己对认识论问题，尤其是时段与时间问题的思考。沃勒斯坦非常明显感觉到，他决定研究的问题主要就是怎样构建一种非排除性的中时段。那么，布罗代尔是如何对沃勒斯坦产生影响的呢？尽管布罗代尔已经强调时间度量分析的价值，普里高津则强调时段度量分析的价值，但是二者之间本质其实是互相补充的。进一步研究发现他们分析方法之优势主要表现于：布罗代尔倾向于长时段，普里高津倾向于短时段与中时段；布罗代尔主要强调历史的静止性即结构性，普里高津则强调历史动态也就是其过程性；布罗代尔一直与历史学中忽略结构的观点进行斗争，而普里高津则是与物理学之中忽略非平衡的时间与状况之观点进行斗争；布罗代尔提出历史时间具有可逆性，普里高津认为历史时间是不能倒退的。普里高津时间之矢之优势就在于其强调其复杂性的过程，但实际上，针对历史社会研究来讲，布罗代尔长时段更胜一筹。所以，他们之间分析的方法在一定意义上来说并非相互对立而是相互补充的。首先，有很多彼此间交织的时间，其重要意义主要是时段之辩证性。其次，任何一瞬间微小事件与任何让人质疑无限之永恒现实的理论皆不能够作为其学术研究的中心。如果人们要获得对于现实具有价值的体悟的话，需要站在其所称之为非排除的中时段，也就是既包括普遍性与特殊性，又包括时段、时间两者并存并不是仅有其中一个。布罗代尔一直把传统的历史看作某个时间是优于时段的，他曾经试图去恢复长时段作为在社会科学中认识的主要工具。

诚然，布罗代尔除了进行长时段的研究，他交叉的研究方式对于世界体系分析之形成产生了深远的影响。布罗代尔所提出的交叉学科的研究，主要是为了能够消除 20 世纪中叶大学教育学科的体系之中存在的普遍的危机。布罗代尔认为，此种危机主要源于研究者生硬地割裂了学科的整体性并机械地依照门类进行简单的划分，人们似乎对社会科学之多样性是以一致性作为基础的，倘若放弃了此一致性却单纯追求其差异性，结果将会是社会科学的研究必然会陷入内部之间的对抗与纷争中，这实际称得上是内耗，也阻碍社会科学整体的进步。他通过长时段地研究进而提出交叉学科的研究，其并非进行跨学科的研究，也并非多学科的研究，而是一种混合性学科的研究。他认为对他来说，仅存在一个统一的交叉的学科。如果有人要想把地理与历史结合在一起，抑或让经济学与历史联系在一起，那么其实就是对时间的一种浪费。跨学科以前基本上是两个相近学科之间的融合，布罗代尔更倾向于不同学科的相互融合。人们应当把所有的学科均混合在一起，因为传统的学科并非如人们所宣称的已经失去意义。

沃勒斯坦主张，交叉学科的研究是需要一个长时段的研究与大历史视野，其有助于广泛地融合社会科学的资源。沃勒斯坦提出，在资本主义的世界体系之中，一个方面由于现代的社会发展是愈来愈多变复杂、社会的联系密切且活动比较频繁、生活的节奏也不断加快，另一个方面就是知识发展速度之快，呈现爆炸的状态，新的学科也呈现级数不断增长，不但学科的分化接连不断并且大学的学科教育的体制也愈来愈僵化。这种情况只有通过人们进行积极对学科的研究方法进行革新，不但要对分门别类研究的方式果断放弃，还要在多学科与跨学科研究甚至交叉学科的研究基础之上去创建全新研究之方法，凸显出科学的研究方法的多样性与整体性思维之统一，这其实就是世界体系分析一体化的学科研究的范式。

3.2 沃勒斯坦世界体系的马克思主义理论内容

沃勒斯坦对资本主义 16 世纪以来历史发展进行分析，他总结了世界体系基本的发展规律，那就是长期的趋势与周期的规律。周期问题可以认为是总需求和总供给内在的矛盾引起的。沃勒斯坦继承了长波理论，世界体系每个周期大约为 50 年，每个周期停顿时期均为世界体系生产的格局重新组合奠定了动力与机遇，并且为下个周期做了扩张的前提，周期性为世界体系地不断发展提供了强大的动力。长期的趋向主要指不断在深度与广度上扩展世界体系，达到了极限之后最后将会自动消亡。每个国家与地区发展的过程及其状态均是由这两个规律在该地区综合的反映，是受到其影响的。

3.2.1 沃勒斯坦从马克思原著之中获取灵感的世界体系解析理论

沃勒斯坦认为，资本的主要的社会组织的形式便是其所谓的世界体系。当代的世界体系其实属于世界经济的体系，始于 16 世纪欧洲的世界体系逐渐扩展到当代全球所有的地区与角落。这样的无序扩张状态的背后其驱动力就是资本的不断积累，也就是资本主义制度导致的扩张。当代世界体系本质上就是资本主义的体系，这是当代的世界体系最主要的核心内容。

20 世纪 60 年代至 70 年代，美国、德国、意大利、法国等一些西方国家先后发生大规模工潮与学潮。在此期间，1968 年发生在法国的五月大风暴发生时间早，其影响与规模也是最大的。该社会运动的发起是由于巴黎的学生认为，美国对越南的侵略是一种霸权主义的行径，对此表示抗议。沃勒斯坦的思想较为激进，他不但对法国学生举行学潮非常支持，并且还亲自参与美国哥伦比亚大学的学生抗议的活动，他认为学生运动激活了美国社会当中左派的政治力量。然而其运动的成功让左派的知识分子陷入严峻境地，这个困境是在 20 世纪中期左派的政治力量比较低落的时候所没有的。1997 年《国家？主权？》的文章里面，沃勒斯坦称 1968 年的学生风暴为一次反体系的运动，称赞这次学生运动让人们普遍地意识到所谓的一切的自由主义的东西都是哄人的，并且刺激了他毅然决然地抛弃用国家构造作为他们集体完善的方法。

在 20 世纪 70 年代初北美学生运动中，有沃勒斯坦亲自参加的身影，沃勒斯坦的行为不是激进主义思想的单纯地实验，而是他的否定性思维的真正地磨砺，换句话说，这次的磨砺是其"否思"思想完成的实际助手。20 多年后，沃勒斯坦回想起这个事情的影响力时谈到，虽然在 50 年代初早已着手世界体系的解析，但是在历经了将近 20 年后一直到 70 年代初期，由 1968 年革命的刺激进而提了出来，这个运动由多个方面对世界体系与西方社会科学探究的传统内容表达出了剧烈的抗议，加快了社会科学探索研究模式的转变。换句话说，1968 年革命的改革之力真正地促进了世界体系解析的产生。就像沃勒斯坦着重指出的那个样子，不是世界体系解析可以让我察觉真理，而是世界体系解析可以让我照着我觉得较有益于我们大家做出道德决定与政治的方式，给社会实际情况做出我觉得较为合理的阐释。世界体系解析可以让我在长存的构造与那些我们常常使其详细为各样流行理论的短暂表述间给以区分。总的来说，1968 年的革命同样为世界体系解析能够创建的一个极大的推动者。他的世界体系解析理论能成为国际学术界的比较有分量的解析模式，跟沃勒斯坦开展的"布罗代尔经济、文明探究中心与历史体系"的学术活动与它的影响关系紧密。此研究中心常常召开世界性的学术讨论会，用于探索讨论资本主义如何产生、发展与衰弱的问题，且把这些拥有世界性影响的著作集合起来编纂为"现代资本主义研究丛书"版印；沃勒斯坦在此丛书里面前后发表了《资本主义世界经济体》《世界经济体的政治学：国家、运动和文明》《地缘政治和地缘文化变动中的世界体系》等三部著作，进而对整个《现代世界体系》的论点进行了体系性地辩证。布罗代尔原来称赞世界体系解析创建了一样全新的史学探究模式，世界史学界与法国推选了沃勒斯坦的著作与其理论。当今的西方学术领域，世界体系解析已是拥有世界性学术影响力的理论，而"布罗代尔中心"就成为世界体系理论的世界探究中心，同样成了世界体系解析的大脑中枢神经。

应引起关注的是，马克思主义和世界体系解析间有着长远的关联。马克思主义的影响能被沃勒斯坦所认可，跟他亲身的体验历程紧密相连。沃勒斯坦生活在一个充溢着政治意识经常作为议论问题的家庭里面，在中学的时候，他对政治意识与世界事情早已具有了兴趣，还注意有关法西斯主义与纳粹主义的斗争问题，以及那时期全球左派在第二与第三国际间的极大割裂问题，并且还把这两个问题结合在一块进行考察思索。然而他在大学时期的时候，他却是哥伦比亚大学的激进主义政治思想与马尔库塞学者的新马克思主义思想的追随者，主动地参加了各样的公共政治集会与左派的政治活动。沃勒斯坦在跟右翼势力的多次争斗中，深刻意识到左派活动与公共集会的正确性、正义性，也就是说左派活动与公共的集会在否定美国霸权主义与新殖民主义的意识状态的拓展里面是正义的举动，也是否定教条主义与极权主义的具有民主性质的革命。在 20 世纪 50、60 年代，当沃勒斯坦开始进行非洲问题的探究时，他就确信非洲为了挣脱西方大国的掌控而开展的争斗，就好像西方社会的左派活动与它的公共集会一样，体现的是人类正义力量与进步的事业。在沃勒斯坦的眼中，今天我们把非洲问题看作南北关系或核心—边缘关系或者欧洲中心论有关的问题，这些作为我们时代中心探讨与议论的问题，我们需要运用马克思主义理论与方式探索研究非洲问题以及跟资本主义世界体系的联系问题，需要把它们都作为当代世界的重要的政治问题进行仔细地探索钻研。他承认，有关这些问题的深入掌握没有马克思学说的极大启迪是不可以的，必须借鉴马克思主义有关第三世界、资本主义、阶级斗争、世界贸易、意识形态批评、资本累积、剩余价值、分工、劳动等的理论知识。若是不借鉴马克思主义的这些有关理论，那么就产生不了世界体系解析的理论，也就无法揭露非洲问题与其他政治问题的真实面目。他写了不少的著作，例如 1991 年的《冷战与第三世界：美好的过去？》、1992 年的《美国和世界：今天、昨天和明天》《国家发展观、1917—1989 年：挽歌与安魂曲》与《形形色色的共产主义衰败之后马克思主义》、1994 年的《和平、稳定和合法性：1990—2025/2050 年》、1995 年的《自由主义难以克服的矛盾：现代世界体系地缘文化中的人权与民权》、1996 年的《社会科学和共产主义插曲，或对当代历史的解释》，还有《三种意识形态还是一种意识形态？有关现代性的欺世之争？》等著作，体现了世界体系解析怎样学习参考马克思主义理论与方式进行系统的反省思考社会主义与资本主义的理论和实际操作的问题、马克思主义的实质和功能问题、意识形态的争斗和功能问题、人类历史的未来走势等问题。总的来说，沃勒斯坦学说里面的反体系与反传统精神的冲劲及其和马克思主义理论的密切关联、和西方社会科学资源在某种程度上的接洽，为世界体系分析理论的创建供应了内部动力与理论资源。

　　沃勒斯坦主张世界体系的马克思主义其实就是由马克思原著之中获取的灵感。沃勒斯坦吸收了马克思关于资本积累的学说，沃勒斯坦修正了康德拉季耶夫的周期，主要就是把资本积累周期的变化作为其参考的标准去得以实现。沃勒斯坦深知，马克思资本积累的理论起着很大的作用，资本主义的经济体制不断地日趋成熟，生产的社会化与劳动力的商品化是不可避免的，可见这种理论具有深刻的启示意义。资本原始积累已经完成，与此相应，资本的积累随之进入一个新的发展时期，也就是劳动力被剥削的剩余价值变为积累资本主要的源泉，所以资本家肯定会想尽一切办法攫取劳动者剩余价值并把绝大部分转变成为资本，用来进行扩大生产的规模。马克思对于资本积累的分析，主要是将资本主义的经济体看作世界的经济体，沃勒斯坦认为，资本的主要的社会组织的形式便是其所谓的世界体系。事实证明世界体系确实存在着两个不同的形式：世界的帝国体系与世界经济的体系。这二者之间基本区分就是如何进行资源分配，大体上就是究竟哪方获得什么。在这个以世界的帝国作为核心政治的体系之中，运用帝国主义权力对由边缘的地区流转到中心地区的资源进行重新分配。能够看出，世界经济的体系之中并不存在政治的单极核心，通过研究人们发现其实有很多权力的中心在竞争。资源其实并没有被中心地带直接地进行分配，而是把市场作为这个中介。虽然对于资源进行分配的机制有所不同，两种体系在实际的效应上是相同的，那也就是资源从边缘转向核心。当代的世界体系其实属于世界经济的体系的，依照沃勒斯坦的观点，16世纪的时候此体系出现在欧洲，而后逐渐扩展到了全球所有的地区与角落。在这样表面无序扩张状态的背后其驱动力就是资本的不断积累，也就是资本主义制度导致的扩张。所以当代的世界体系本质上就是资本主义的体系，这其实也就是当代的世界体系最主要的核心内容。

3.2.2 变化中的世界体系的周期性结构

沃勒斯坦认为，体系当中制度在不断地进行创新。按照沃勒斯坦的主要观点，任何事物都是发展变化的。需要采用历史性之态度去看待问题，去理解社会的体制变化。对于沃勒斯坦来说，所有社会的体制，不管大小，都会随着世界体系的变动而变化着。进一步来说，不但一些要素是伴随体系不断变化，体系本身其实也是具有历史性质的，有其出生、生长、兴盛乃至最后衰亡的一个过程。当代的世界体系基本上可以描述成空间与时间两个时空维度。

空间方面主要是指不同的地区在世界的经济当中所扮演经济角色是不同的，沃勒斯坦在总结前人研究成果的基础之上，除了中心与边缘这样的主体性世界体系结构以外，还加入另一个经济带，那就是处于中间位置的半边缘地带。依照沃勒斯坦推断，半边缘地带在世界体系当中其实显示出某种中心地带之特点，同时也凸显边缘地带的一些特点，表现出了中介的特点。比如虽然半边缘地带被中心地带广泛渗透了经济的利益，半边缘地带依然拥有着属于其独立的工业基础，在当代的世界体系之中，半边缘地带扮演着非常必要的政治与经济角色。特别是半边缘国家与地区所提供的大批劳动力以此抵消中心地区经济发展产生的压力，同时还为一些中心国家和地区盈利较少的产业找到了出路，可以说半边缘地带对世界的政治体系起到了重要的缓压作用。依据沃勒斯坦的观点，对于三个地带相互之间存在着经济方面的联系，中心、半边缘与边缘地带逐渐形成了一种全球经济之空间的维度。

为了能够更好地理解中心、半边缘与边缘地带全球经济空间的相互作用，人们需要把关注点转到他所论述的全球经济体系当中时间的维度问题上，这些都是遵循着一定的规律，决定着历史发展的进程。在较短的时间内，资本家主要的目的就在于从劳动者那里最大化地获取剩余价值。所以，为了能够实现其目的，资本家急需把工人们所生产的商品销售给有购买能力及购买愿望的消费者。矛盾由此产生，劳动者同样可以认为是潜在消费人员，在很大程度上去减少劳动者工资的水平去追求剩余价值最大化，这就会在一定程度上削弱劳动者的购买能力。所以，资本家的商品有可能会出现滞销的现象。虽然资本家有可能依靠减少工人们的工资，在较短的时间内获得利益，但其实从长远的角度来看，肯定就会出现利润下降的现象。由于工人阶级购买能力下降，所以可能会发生消费动力不足之危机，这种危机是资本主义制度不可克服的结构性危机。

在沃勒斯坦世界体系中，危机代表的意思就是一个体系取代另一个体系。沃勒斯坦对于当代世界体系的认识就是其处在危机中，其将会停止运转，同时必然会被另外的一种体系所取代。能够看出，沃勒斯坦提出目前正处在危机的阶段，在这样的体系当中人们可以自由地进行行动。如果一种体系处于平稳的发展阶段时，其将会被体系的本身的结构控制着。当体系发展到一个衰退的时期，也就是其危机产生的阶段，体系的结构将会失去很多自身的功能，所以集体或个人的行为将会变得非常有意义。这种观点有着特殊的意义，沃勒斯坦基本上认为，危机的时间是不能够确定的，所以任何的超越均是可能的。目前的危机有可能会导致下一个体系的产生，会出现一个更为开放的社会体系，也许会是人们意想不到的社会形态。上述观点体现了沃勒斯坦对于马克思与列宁相关思想理论的继承。马克思对于世界资本主义的体系阐述是较为深入的，生产力与生产关系、经济基础与上层建筑，资本的累积甚至阶级的认识，都能够在沃勒斯坦的阐述之中体会到。沃勒斯坦指出，历史上曾经出现过两个世界体系，那就是帝国主义体系与全球经济体系。

3.2.3 关于三个地带划分理论

沃勒斯坦在法国的年鉴学派思想熏陶之下，对全球体系的划分需要较为宽阔的空间以及特别长的历史阶段，也就是核心—半边缘—边缘三个区域的分划。其觉得半边缘的地域在世界体系里面体现了某部分的中心地域的特点，同样体现了边缘地域的某部分的特点，体现为沟通媒介的角色。给中心地域输送出过时的经济方式与边缘的国家取得工业发展做了缓解。此种分划是有关马克思的资本主义世界经济体系的发展进步与变化，同一时间也是关于列宁觉得帝国主义为资本主义的最高阶段的一种背叛。此种分划，将世界简单化了，尽管许多西方的学术研究者不怎么看好，然而此种简单的分划确实让我们在关于世界政治的蓝图上面进一步地明确清晰。资本主义社会在把其自己全部的生产力完全发挥出来之前是不可能灭亡的，而社会主义在资本主义的胎盘里面彻底成熟以前同样是不可能出现的。在沃勒斯坦的阐述里面，当代的资本主义世界系统表现出了更加多的活力。

按照世界体系的划分，中心地带主要以先进的产品与技术作为优势，控制其他国家与地区，在世界体系当中处于主导的地位；半边缘的国家与地区则属于受到中心国家的控制，同时又在一定程度上掌控边缘的国家与地区。而边缘的国家就是指受到中心国家的支配只能对初级的产品以及自然资源进行出口；沃勒斯坦在发展理论中心—边缘的结构基础之上，独创性地添加了一个半边缘的结构。从实际的情况来看，大量中间国家的存在，中心—边缘结构显然与实际不相符，中心—边缘模式对体系的稳固性构成了威胁，同时也会导致很多冲突与矛盾。

跟中心—半边缘—边缘三个区域的分划相呼应，沃勒斯坦关于世界经济体系的历史的周期性同样是非常重视的。依据沃勒斯坦的论点，它们里面无一个为无限的，无一能保持不会变化。假设不能运用一个历史性的态度进行面对，那进而认识了解社会体制的特点就会步入历史的狭隘的错误之中。相较沃勒斯坦来说，一切的社会体制，不管大与小，跟着动态的世界系统不断地与之契合变化着。更甚而言，不但是此部分因素跟随者系统的发展变化，系统本身同样为历史性的。其会历经诞生、中年、最终的衰亡。福山，一个被认为是美国有名的政治家，其指出，成为一个人类理念的自由民主看起来已完美无瑕，不管在哪个方面都获得了支配世界的正统性，因而，历史的结束，也就是历史里面的很多的问题得以解决，且已形成了科学合理的制度和行为方式。此种论点在冷战之后较为流行，然而沃勒斯坦把资本主义里面的矛盾问题进行了新的解析，指出资本主义具有的危险仍然是来自于资本主义自身所带有的原有矛盾，即制度的矛盾。并且，此矛盾主要表现就是带有周期性的变化。由于三个区域的显露与资本主义的历史周期性，资本家的奴役剥削产生了改变，他们能朝着边缘与半边缘的区域转嫁所受的压力。财富与资源由此部分区域朝着中心区域转移。有关无产阶级与资产阶级的分划由于此种变化也产生了危险，民族与国家的回转的余地却在加大。在总结了列宁关于社会主义与资本主义阵营划分的基础上，沃勒斯坦把世界体系划分成为三个地带，这样更趋向于现实。半边缘地带的出现主要由于生产力与文明的发展水平大幅度地提高，半边缘地带联结着中心与边缘地带，其作用不能忽视。沃勒斯坦对于体系之中周期性做了动态的分析，他主张周期有着自身产生、发展、衰败与消亡的过程。这与三个地带划分的时间的维度遥相呼应。但对于历史的周期性同历史的循环到底有多少差异，沃勒斯坦并未做出解答。

3.2.4 全球化背景下资本主义的基本矛盾的理论分析

在全球化的今天，对于资本主义相关问题地探讨是非常有必要的。沃勒斯坦预言世界体系最终将会解体，主要有两个方面的原因：首先，在未来的资本主义体系之中人们所得利润都将会越来越少，这是由于资本主义的经济体系模式自身存在的限制，不是人们通过做什么就会有所改善。沃勒斯坦发现了全球资本主义发展存在一定的限制；另一个方面，他还察觉到衰败的政治，可以说国家的作用愈来愈弱，社会当中人口数量激增，收入的差距不断扩大，人们对于未来的发展充满了迷茫。从过去几十年发展的状况能够得出结论，贫富差距逐渐增大。人们在以前是相信经由政治的运动，就能够把这个鸿沟弥补，但事实上过去的几十年，人们对此失去了信心。另外全球的经济发展也出现了萎靡，也造成了资本家的不满。在政治与经济的双重压力之下，资本主义的危机自然会形成。沃勒斯坦对于资本主义的基本矛盾研究放置在全球化的背景之下，并未只停留于马克思主义理论。沃勒斯坦同以后的弗兰克、卢格霍特等学者对此都做出很大的努力。世界体系由封建社会转型为资本主义的时候，资本主义所指称的中心就是指欧洲。弗兰克等研究者一贯主张以欧洲作为中心，主要是以东方的世界体系作为基础的。

在对资本主义进行批判以后，沃勒斯坦对于此体系以后发展的格局并未给出具体解答。他主张若想走出这个过渡期，可能还要经历一段时间。只有创建一些新的秩序，需要有一个全新的运转体系，世界才能够再次趋于正常。对于未来的秩序与结构到底是什么样子的，较难预测。诚然，在未来体系结构之中，阶层关系基本上也就是非特权以及特权阶级。当界定阶级的条件不同，界定的结果就会不一样。但是无论未来体系究竟如何，富人与穷人依旧存在，这是所有社会的体系都会存在的现象。富有阶层主要是获取了其他阶层的资源，这种现象不会有所改变。

沃勒斯坦把世界体系作为研究的最基本的因素，这是其理论显著的特点。他主张人类发展的进程之中尽管囊括了很多不一样部落或民族国家历史，但实际上很多事情都并不是独立地自行演变的，常常互相联结进而逐步形成一种具有世界性意义的体系。特别是资本主义的世界经济体系创立之后逐渐地进行扩张，直到遍布了世界的范围，基本上每个国家都参与了这个发展进程。正是基于此，沃勒斯坦通常所说的世界体系也就是指资本主义的全球经济体系。在沃勒斯坦看来，世界体系大体上由两部分构成的：一个方面，资本主义的世界经济体是建立在劳动者全球范围的分工基础上的。在此种劳动分工之下，世界经济之中的不同地带实际扮演着相应的经济角色，形成了有所差别的阶级的结构，所以产生了各不相同的生产形式，从全球经济的体系之中获得的利润自然也不会相同。另一个方面，独立的国家及其国家的体系创建，是资本主义的世界体系同以往所不同的非常必要的标志。在资本累积及劳动的分工共同作用之下，涌现出中心地带的强国及边缘地带弱国的现象，经济发展较为迅速的国家便成了体系中霸权的国家，边缘地带对于中心地带不满的情绪便造成了世界体系中的反对力量，即反体系。沃勒斯坦对资本主义 16 世纪以来历史发展进行分析，他总结了世界体系基本的发展规律，那就是长期的趋势与周期的规律，周期问题可以认为是总需求和总供给内在的矛盾引起的。沃勒斯坦继承了长波理论，世界体系每个周期大约为 50 年，每个周期停顿时期均为世界体系生产的格局重新组合奠定了动力与机遇，并且为下个周期做了扩张的前提，周期性为世界体系的不断发展提供了强大的动力。长期的趋向主要指不断在深度与广度上扩展世界体系，达到了极限之后最后将会自动消亡。每个国家与地区发展的过程及其状态均是由这两个规律在该地区综合的反映，是受到其影响的。沃勒斯坦一直认为国家的发展取决于世界体系，一个国家或地区在世界体系之中地位变化及其如何进行变化，不但需要内部的努力，还要依靠全球体系发展的周期。每到经济体系进行交替运动的阶段，半边缘与边缘的国家进行上升发展的时机就来了。某些国家的地位上升同时必然也伴随其他国家相应地下降，全部国家和地区一同发展或者个别的国家与地区单独地发展，这些均是不可能的。国家对于世界体系实际上也是有影响的。首先，世界体系之载体就为国家，为近代的资本主义进程中最为关键的因素。资本主义的生产关系产生之后，占据主导地位的势力为了维护自身的根本利益，便通过政治、军事等手段对国家机器进行强化。其次，国家的行为对经济体微观的格局产生着很大的影响。国家并非单纯的一个政治概念，实际上均是为了发展经济而服务的，最基本的功能便是通过市场去影响收入的分配以及推进资本的累积。所以，国家是协助本主义进行剥削的参与者，直接地介入经济的发展领域。

沃勒斯坦主张，随着资本主义体系在全球范围内扩张，16 世纪形成于欧洲资本主义的世界体系称得上一种独特的现象，此种独特的现象经由意识形态与社会科学使其逐步地流行起来，而且在此进程之中逐渐异化成为一个维护其核心利益的工具，其本质就是推行中心地带国家发展模式，使其成为普遍化，最终将会使世界的文明产生冲突。

3.2.5 西方学者对沃勒斯坦世界体系的马克思主义的理论态度

沃勒斯坦世界体系的马克思主义引起了西方学者的广泛关注，研究评价其思想者很多，其中最著名的当属弗兰克，此外还有施莱特。

在世界体系的研究学派之中，最著名的代表性人物当属沃勒斯坦与弗兰克。弗兰克原本是属于依附理论之代表性的学者，在而后沃勒斯坦创建世界体系的马克思主义理论之后，他便转为对世界体系进行研究。弗兰克一直认为他本人在之前与沃勒斯坦做的事情是相同的，只不过是非沃勒斯率先提出并由此对他产生了启发。弗兰克先前认为，世界体系与近代的世界历史起源为哥伦布在 1492 年发现新大陆，20世纪 80 年代后期他提出了空间的范围更加开阔的五千年世界体系，主要由于其他学者对他产生了一定的影响。在此种理论的框架之下，弗兰克在 1998 年发表了著作《白银资本》。这本书引起了国际的学术界的广泛认可与关注。对于社会科学方面研究者来说，《白银资本》与《现代世界体系》可以称得上是人们必看的经典之作。但是若要对二者理论进行进一步地理解与探索，就要深入作品，对他们世界体系的马克思主义理论进行比较。

从世界体系的马克思主义概念与特点看，沃勒斯坦把世界体系划分成现代的世界体系与世界帝国，二者都是把 1500 年作为其分水岭；而弗兰克世界体系仅是一个，1500 年的前后并无质的差别，并且为连续的。在世界体系的马克思主义这一概念的描述上，沃勒斯坦与弗兰克也是有着不同的见解。沃勒斯坦世界体系的马克思主义在英文中有一个横线，认为世界体系为复数；弗兰克世界体系的马克思主义其中间并无横线，表明了世界体系仅为一个。依弗兰克规定的标准，两河流域、印度河流域及埃及在公元前的 3000 年前后，就已经汇集成为其世界体系。而后向外周期性地进行扩张，在 1500 年以前就已包括了亚欧非地区，新航路的开辟也非常迅速地延伸到了全球。弗兰克提出现代的世界体系之分析一样适用在古代甚至中世纪，所以现代的世界体系其特点也就为世界体系 5000 年的特性。所谓封建主义、资本主义以及社会主义之划分，实际上就是以欧洲作为中心的一种意识形态。所以，如果对其中个别词汇稍微修改一下或者抹去资本主义，沃勒斯坦对资本主义的世界经济以及现代的世界体系所有假设特点同样适用于古代的世界体系与中世纪。简而言之，其内容主要为世界体系的结构为"中心—边缘"的结构，存在的世界体系可以至少上溯到五千年之前，资本积累的过程是其发展的根本动力，世界体系之中存在着竞争和霸权之轮替，长度大致是经济周期五百年上升与下降的交替。可以看出，在弗兰克五千年的世界体系的进程当中，没有质的变化仅有量的积累。沃勒斯坦对于世界体系的马克思主义研究时运用的某些概念，比如资本的积累、中心—边缘结构、两极分化以及劳动的分工等，弗兰克都运用在五千年的世界体系研究里边。同世界体系各学派很多观点比较，弗兰克把世界体系整体性与连贯性推到一个空前的高度。弗兰克或许也代表世界体系的马克思主义理论的一种形式，五千年的世界体系反映了历史的连续性，可以称其为一种新的世界模式，并不单单是资本主义的延伸。

在世界体系的马克思主义边界问题的标准上，弗兰克指出并非沃勒斯坦所提及的必需品与大宗的商品，而是由卢格霍特与施莱特等所提出的贵重金属以及奢侈品。弗兰克认为在定义的体系性的联系之中，奢侈商品的贸易要比低廉的商贸更加重要。此类商品除了用于贵族的积累与消费外，同时也当作价值的储备。此类的商品也反映了社会的生产关系之各方面，比如重新对劳动的分工进行划分、积累的方式进行调整以及阶级关系的重构。在这个基础之上，弗兰克还进一步地提出了若加入同一个世界体系就要符合以下几个标准，例如持久且广泛的贸易的联系，同特定民族与地区持续、反复政治之间的关系，拥有同一个经济、政治及文化的周期。按照这样的标准，弗兰克把世界体系回溯到了青铜时期。正是由于对世界体系的边界定义标准有所不同，沃勒斯坦与弗兰克世界体系的马克思主义理论在时间与空间上存在着质的差别。

在《现代世界体系》这本书刚出版不长时间，施莱特就对于沃勒斯坦世界体系的定义提出了质疑，她的理解是也许存在着前资本主义的世界体系，中心地区主要对外出口贵重金属及奢侈品。弗兰克五千年的世界体系观点的提出为世界体系理论不断演进之结果，也是很多理论的融合及扩展。弗兰克认为也许不同世界体系开始与结束只是标志着同一个世界体系之升降，这一认识便使弗兰克转变成对五千年世界体系的研究。

从世界体系的结构来看，由于对世界体系界定的标准有所不同，五百年的世界体系与五千年的世界体系在其结构方面确实存在着迥然的差别。沃勒斯坦强调的必需品的贸易其实是以一种比较强的关系去界定世界体系的区域之间的关联，可以体会到不同的区域之间存在着显而易见的依附关系；弗兰克对于奢侈品的贸易就是用弱的关系去概括世界体系的区域之间关联，某个区域的内部依附关系实际上是存在的，但是不同的区域之间依附关系根本不存在或非常不明显。所以，现代的世界体系中心—半边缘—边缘的结构对于 5000 年的世界体系显然不适合。弗兰克对沃勒斯坦中心—边缘的结构进行了修正，提出了中心—边缘—腹地的结构。在五千年的世界体系中心—边缘—腹地的结构当中，腹地结构不是完全地和现代世界体系之外部地区完全等同。依照沃勒斯坦的观点，只要是在现代的世界结构体系之外地区均算得上是外部地区；弗兰克却有不同的看法，他认为腹地是指中心—边缘的地区外部，但同时又同中心—边缘的地区存在着某种联系的地区。由于腹地的地区拥有着中心—边缘区域所需求的一些自然资源，它参与了中心—边缘的地区的剩余价值之转移，同中心—边缘的地区产生了互动，从而对不同社会、民族与阶级之间关系与变迁产生了影响。但是边缘同腹地存在着本质区别：在剩余价值转移的方面，腹地实际上没有如同边缘地带处于一种依附的地位，仍然是保有一定程度自由性。腹地并非单纯地指未被边缘化的地带，一个区域的边缘倘若同另一些区域存在体系性的关联，它便属于腹地。如果当腹地的民族成为中心区域攫取剩余价值政治的工具的时候，边缘化问题就会显现出来。但中心地区使腹地不断边缘化的很大程度上是取决在地理自然条件，主要由于自然的地理的条件是决定资源供给的成本与收益。假如某地区资源非常丰富同时占领的成本低于所得的话，它就比较容易处于边缘化；反之就会变成去边缘化。在中心—边缘—腹地的结构之中，弗兰克对世界历史上的周期性农耕和游牧民族之间冲突做了全新的理解。他提出游牧民族入侵通常会使中心发生转移，游牧民族定居便预示着边缘化开端。之所以会产生这样的冲突，是由于经济发展中资源的供应以及剩余价值发生转移。在世界历史的长河中能够看到这样的景象，也就是农耕的民族逐渐向游牧的民族进行扩张而后放弃，游牧的民族侵占农耕的民族最后转变成定局。

从整个世界体系的结构去看，沃勒斯坦世界体系的马克思主义是单一的中心—

边缘的结构，弗兰克五千年的世界体系则为多元的构成。现代世界体系边界虽说是用大宗的商品的贸易去界定的，但实际上为中心军事的力量能够控制的，新融入的地区往往大宗的商品贸易以及军事的力量一同起作用之结果。比如近代中国开放了很多港口以及城市，随之而来的贸易量就逐渐增加。作为边缘地带，中心的军事以及经济的力量几乎是同时发挥其作用，世界经济与国际政治基本的准则就是由中心地带所制定的经济与政治规则。这就让所有边缘的地区均依附在一个中心的区域，这就是沃勒斯坦所提出的中心—边缘的结构。而弗兰克的五千年的世界体系指用奢侈品远程贸易去界定，这种商贸活动极有可能是远程的，某个区域凭借政治军事的力量从而实现对整个世界体系控制可能性越来越降低。五千年的世界体系能够分成很多个具有地域性质的次体系，每一个次体系通常拥有其自身的中心—边缘的结构。在每一个次体系当中，如果霸权出现的时候，霸权的国家通过武力是能够对边缘的地区产生影响的。但是每一个次体系仅仅是存在着经济的联系，却无直接军事和政治的互动，五千年的世界体系的此种结构反映出其在经济与政治上是有所差别的。在政治方面，某些霸权在其各自次体系之中发挥其作用，对次体系的内部经济的联系产生影响。在经济方面，不同的区域积极参与国际的分工，进行着经济的往来，通过对货币与商品流向的分析能够判断出不同区域间中心与边缘之间的关系。所以可以看出现代的世界体系属于单极结构，而五千年的世界体系的结构为多元。

从世界体系周期节奏来看，周期节奏与长期趋势反映出现代世界体系具有动态的性质，其中的周期包含了康德拉季耶夫周期与特长周期。与沃勒斯坦相比较而言，弗兰克对世界体系周期更为关注，五千年的世界体系动态性主要表现在五百年的周期交替。按照弗兰克的观点，最有效反映出世界体系的周期性的变迁便是沃勒斯坦提出的五百年的周期。每个完整周期均可分成上升与下降这两个阶段，各为二百五十年。除此之外，两个阶段间或许是有因果的联系，上升时期之结束便意味着下降的阶段之开始。换言之，下降的时期为后来出现的上升的阶段做了铺垫。这如果是现实的话，世界体系是永远不会衰落的，会永续地发展下去。在上升的时期，若干霸权国家在世界体系当中同步地进行扩张，高水平基础性地投资推动了区域内与区域之间经济的交换，此经济的交换主要通过世界体系的长期经济的联系发挥作用，整个世界体系主要的表现就是扩张，经济不断地趋向繁荣；而在下降的时期，很多分散霸权便会出现，经济交换的水平下降是由于缺乏基础性的投资，远程关系遭到了削弱与破坏，很多区域经济衰退、政治上出现了分裂，整个世界体系出现了衰落。虽然弗兰克提出世界体系周期能够追溯其公元前三千年抑或更早的时间，但其实起初只研究公元前一千多年中的八个周期。弗兰克后来对世界体系的周期做了不断地修正，归纳了 11 个周期使其延展到了公元前三千年。与沃勒斯坦的世界体系的周期进行比照，优势就在于解释了 1500 年之前欧亚大陆的世界历史整体性的变迁，也就是欧亚大陆的不同国家并不是孤立静止的社会的系统，而是一个互动的联系；但同时也存在着明显的一个缺点，现代世界体系周期节奏与长期趋势之间推动着资本主义的体系逐渐终结，并且五千年的世界体系其实是一个无质变之系统，人们无法依据其逻辑去推导它的终结之可能。弗兰克五千年的世界体系的周期在很大的程度上获得一批研究者的认同，这也就意味五千年的世界体系的周期对于世界历史变迁所具有的解释力。

第4章　阿瑞吉世界体系的马克思主义理论

　　乔万尼·阿瑞吉，是国际上比较有名的政治经济学家、世界体系论流派比较重要代表人物之一，同时也是世界体系的马克思主义的重要理论家之一。阿瑞吉理论的基本内容及核心就是世界体系论，阿瑞吉的世界体系论是世界体系的马克思主义形成与发展的重要基础。本章从整体的角度去考察并理解他的有关世界体系理论形成的过程、理论渊源、研究的方法及主题、理论价值与特征等基本的内容，形成全景式的理论框架，然后再深入地研究他的主要议题，通过微观和宏观及点面结合的统一探究，从而展现阿瑞吉思想内容丰富完整的世界体系的马克思主义理论。阿瑞吉主要理论内容就是关于全球化资本主义体系扩张发展动力的问题，全球资本主义体系扩张的实质，对反体系运动的理论认识，中国崛起与未来世界体系的更迭，关于马克思学说有效性的问题，以及世界主义的视域，市场经济多样性理论的论证，并对阿瑞吉理论进行了评析，主要是新左派理论性质、世界体系发展的动力问题、世界体系中东亚纳贡体系的价值定位问题、世界体系的方法评析四个方面。阿瑞吉的世界体系理论坚持马克思主义对资本主义的批判立场，探索了全球资本主义体系的实质，主张资本主义扩张体系的内动力为金融的扩张，霸权主要基于其扩张体系的需求，欣赏中国特色社会主义市场经济，其世界体系论具有明显的新左派理论性质。阿瑞吉的世界体系理论的激进成分相对多些，革命色彩浓厚一些，反抗精神强烈一些。从这个意义上看，阿瑞吉算得上一位新左派人物，他的世界体系理论也属于新左派思想的代表。阿瑞吉研究世界体系的方法也具有方法论意义，阿瑞吉所采用的研究的方法具有多重性质，包含了周期性的分析法、结构主义的分析方法、矛盾和差异研究法、东西方对比的研究方法等。

4.1 阿瑞吉思想形成的背景及发展过程

纵观乔万尼·阿瑞吉的一生，其学术的活动主要划分为四个阶段，以下的介绍中就展示了阿瑞吉世界体系的马克思主义理论的形成概况。阿瑞吉早期是在意大利接受教育的，对新古典主义的经济学进行了系统的学习，对于经济学研究打下了良好的基础。阿瑞吉特别积极地去参加意大利的工人运动，配合着工人阶级运动并且宣传了左派的比较激进的思想。从他一生所研究的学术内容来看，这个阶段正是阿瑞吉的学术理论趋于成熟的一个关键时期。

4.1.1 阿瑞吉思想形成的理论背景

1937 年在意大利米兰出生的阿瑞吉，一生当中从事过很多职业，比如教师、工人以及公司经理等职业。阿瑞吉的父亲及外祖父均是供暖和纺织等设备的生产商，后来他接手了家族工厂的事务，为了能够更好地经营进入了位于米兰的博科尼大学的经济学系进行深造，在 1960 年获得了经济学的博士学位。值得尤为关注的是，阿瑞吉在博科尼大学接受了新古典主义。而后，由于其经营不善从而导致了工厂的破产，后来进入联合利华，并且在此公司从事实习经理。从中可以看出，阿瑞吉在此阶段的基本学术成果，在新古典主义思想影响下完成有关经济的博士论文。可以说，阿瑞吉的研究是值得称誉的，因为他发现新古典主义的经济学的均衡模型，在理解现实生活的生产与分配上几乎没有什么用处。这就表明阿瑞吉对理论权威不盲从，从最初阶段就对探索实践比较重视，具有良好的学术潜质以及独立思索的能力以及勇于超越的精神。在这个阶段，阿瑞吉是处在谋生的一个状态，工作闲暇在积极地思索进步的思想，并且还和非洲的激进主义的思想进行了联系，使阿瑞吉的理论研究发生了转变。值得注意的是，阿瑞吉非洲阶段分为了前期的罗得西亚时期及后期的达累斯萨拉姆时期。

阿瑞吉在 1963 年的时候去了非洲津巴布韦，就职于伦敦大学的分校罗得西亚与尼亚萨兰大学学院，它的主要意义在于：第一，阿瑞吉在罗得西亚与尼亚萨兰大学学院结识了雅普·范维森及克莱德·米切尔等社会人类学者，并且从他们那里学习到了网络的分析方法的模式，后来又从那里学习了情境的分析方法（又被称为扩展的安全分析方法），这些皆使阿瑞吉逐渐地放弃了以前抽象的研究模型，转为经验主义的且具体的，并且是以历史作为根据的社会学研究。更为重要的就是，阿瑞吉凭借这个作为一个契机走上了由新古典经济学到比较社会历史学的道路。可以这样说，此种转变是他的学术生涯的一个分水岭。此种改变为阿瑞吉日后的转变以及确立世界体系的经济学的研究范式起到非常有意义的思想基础。阿瑞吉本人能够独自地进行考察实地，进而了解到了非洲的殖民主义的状况、国家与民族的自由主义运动及劳动人民的运动等很多问题的现存状况，而且把亲自观察到的这些方面写就成文章而公布于世，比如 1973 年的《历史视角下的劳动供给》及 1966 年的《罗得西亚的政治经济》等。这些论文均描绘了罗得西亚的农民全面的无产化造成了资本积累的矛盾，展现了此种无产阶级化可以说是非洲社会一种非常普遍的现象，揭露了非洲的无产阶级化终究会为资产阶级的部门带去更多的问题而不是有利的条件。阿瑞吉认为只有局部的无产阶级化，那么就会为非洲的农民的贴补创造资本累积的有利条件，这是由于农民也生产了自己部分的生存品。实际上，农民如果越是进行无产阶级化，此项机制就会逐渐趋向于瓦解。只有当支付所有的生活工资的时候，全面的无产阶级化劳动者就会面临剥削。所以，无产阶级化实际上对劳动者剥削可以说是更加困难而不是更为容易，并且还使政权变为更加的专制。但是，非洲农民无产阶级化并不是局部的地区问题，它是一种比较广泛的存在现象，从整个的非洲的南方地区到东北部均出现了大量的农民遭受到极度地剥削，从而进行无产阶级化的事件。这种思考的角度为后来阿瑞吉研究全球化、国际化分工、资本积累、东西方的市场经济方面的比较奠定了较为有益的研究基础。

4.1.2　阿瑞吉世界体系论的形成与发展过程

一个方面，阿瑞吉在比较积极地去整理以前在非洲时期的经验，使其成为系统之理论，使意大利的民众了解到了非洲真实的状况；另一个方面，阿瑞吉特别积极地去参加意大利的工人的运动，配合着工人阶级运动并且宣传了左派的比较激进的思想。从他一生所研究的学术内容来看，这个阶段正是阿瑞吉的学术理论趋于成熟的一个关键的时期。也就是说，这其实是一个承前启后的研究时期。

第一，阿瑞吉在 20 世纪 60 年代末回到了意大利之后，首先就是任职于特兰托大学，并且是讲师，同时他还开设了有关于非洲问题的专题报告。此门课程受到了学生的热烈喜爱，尤其是博托派，他们不断地组织进行斗争，此课程成为特兰托大学比较重要的课程之一。特兰托大学可以认为是意大利的学生活动的主要阵地，学生的思想相当的激进，所以很多人对于非洲有关问题都有着比较浓厚的兴趣。但是，阿瑞吉的相关讲座也遭受到了同样在此组织中的拉斯塔诺派学生的抵触。尽管这样，阿瑞吉运用了此种讲座的力量，第一次非常明确并且系统地给人们传播并表达了他自己的新左派的思想。

第二，阿瑞吉这个时候获得了路易斯·帕瑟里尼的推荐，获得进入都灵了解工人阶级的运动，实地考察了意大利的工人运动情况，这就使阿瑞吉深刻体会到了意大利的工人阶级思想情况以及工人阶级运动的进步性。更为重要的是，阿瑞吉在接触了工人运动并且参与了有关工人运动的过程当中，他受到了葛兰西思想的影响。正像他以前说过的，和罗马诺·马德雷一道，人们便开始产生了寻找和此运动相关的葛兰西的战略的想法。这也多多少少直接地源自马德雷的思想，当时马德雷是一名地地道道的葛兰西主义思想拥护者。在葛兰西思想的影响以及工人阶级运动的驱动下，阿瑞吉和帕瑟里尼、马德雷一同在 20 世纪 70 年代联合办起了葛兰西主义研究小组，着重地探索了工人阶级运动当中的领导权以及组织问题，这个研究小组强调了葛兰西的主要思想和实质，指导了工人阶级的运动朝着正确的路线前行。但是，葛兰西主义研究小组在推动工人组织运动以后，却在三年以后正式地解散了。尽管这样，意大利的工人阶级运动却迈入一个新的阶段。需要特别指出的是，阿瑞吉通过对工人运动地深入考察，有效地深化并提炼了有关非洲的经验，特别是对资本主义的危机有了进一步的新的认识，这个方面的研究成果其实就是蕴含在发表的论文《资本主义危机理论刍议》。正像阿瑞吉本人说的那样，20 世纪 70 年代有关资本主义的危机一些文章都是来自于此种沟通交流。工人阶级需要明白，当下正在发生的经济危机，人们务必保持一种冷静的态度。如果工人阶级联合起来，进行坚决的斗争，工厂里的就业问题就会受到影响。工人阶级同时提出了我们是否处于危机中等诸如此类的问题，如果真的存在的话，那么影响到底是什么，工人阶级是否只能是选择平静。《资本主义危机理论刍议》就是在这种特定的历史环境下写就的。这篇论文可以说是对意大利当时的工人阶级运动所提出的一些问题的解答，也是针对以前的非洲运动经验的一个总结。

第三，阿瑞吉在 20 世纪 70 年代转到了卡拉布里亚大学任教之后，他在学术方面的研究由反殖民主义与民族的解放运动转向了劳动供给的内容研究。在阿瑞吉看来，卡拉布里亚大学可以为研究劳动供给的相关问题提供便利条件，这主要是由于卡拉布里亚大学其所在的地点是移民的中心，而实际上移民供给劳动力便为最重要的事情，如果未能较好地解决该问题，外来人口所引发的问题就将会转变成为激烈的社会冲突与阶级斗争，所以说劳动供给的研究既可以说是其学术兴趣，同时也是基于当时社会的发展所需。阿瑞吉同时还强调，在对其解答的有关问题不断探索中，主要有两个方面的思想启发：一个是资本主义的发展并不是一定要依靠全面的无产阶级化；另一个是移民其实在他们移居地方如果存在工人阶级斗争，也主要取决于是不是拥有决定移民的工作机会的有利条件。

第四，阿瑞吉在移居美国前，曾在20世纪70年代末写就了《帝国主义几何学》这篇文章。此篇论文的学术研究的意义主要是凸显了霸权主义的概念以及研究的价值。可以这样说，所有的此类研究以及学术的进步皆为阿瑞吉日后所从事的世界体系的研究打下了比较坚实的理论基础。

这可以说是阿瑞吉在其学术发展生涯繁荣的时期。这个阶段的时间比较长，占据了阿瑞吉的大多数时间，而且这还是阿瑞吉马克思主义世界体系理论完善与发展的时期。这一时期主要分为宾厄姆顿阶段与霍普金斯阶段。

（一）宾厄姆顿阶段（1979年至1989年）

阿瑞吉于20世纪70年代末移居到了美国，起初他进入纽约的州立大学宾厄姆顿分校费尔南德·布罗代尔研究中心，和特伦斯·霍普金斯、伊曼纽尔·沃勒斯坦一同从事着文明、历史及经济等方面的研讨工作，一直延续到了1989年到约翰·霍普金斯大学担任了十年的社会学系教授。这其实是阿瑞吉前往美国的学术研究前期，也是他对世界体系理论研究并发展的最为重要的阶段。他在布罗代尔研究中心的时期特别积极地去发挥自己的研究专长，参与创建了马克思主义的世界体系理论的工作，最后创建了比较新颖的经济学的意义上的世界体系理论。这个阶段的主要代表作有合著的《反体系运动》《全球危机的动力》等，其中的主要内容不仅是对资本主义国家20世纪70年代以来社会出现的危机状况及其本质的理论阐述，也是对他自己以前对于这方面问题的思考做出的比较完整的表达，反映出了阿瑞吉本人在马克思的世界体系理论分析下对整个全球化时期的资本主义经济危机、霸权及其转移、经济的发展还有社会活动的特点、本质以及根源等许多重要的问题做出了原创性的探索。值得人们注意的就是，这个时期的很多理论成果都是在20世纪的90年代初期写成的，诸如《马克思世纪还是美国世纪》《世界收入的不平等和社会主义的未来》《漫长的20世纪》。前两个主要是有关于劳动力问题的一些研究的成果，这是阿瑞吉在他的马克思的世界体系的分析内容中总结了20世纪的世界的劳动工人运动的演变的特点及其对资本主义的霸权的转移影响，揭露了劳动工人同世界的资本主义之间互相作为因果的关系的本质。根据阿瑞吉本人所说，《漫长的20世纪》这本书原本也是为了准备研讨历史的资本主义劳动工人的问题，但其实在进行比较深入地研究的过程中他发现了金融资本的周期在整个资本主义历史的演进中起到了非常重要的作用，从而阿瑞吉就及时地对写作的计划进行了调整，转向了系统的并且深入研究了金融的周期还有与世界的资本主义之间关系的问题。这迫使阿瑞吉违背了初衷并且把追溯时间进行了拉长，其实此书确实也是想要写比较漫长的 20 世纪，也就是从 20 世纪 30 年代经济的大萧条一直到现在。当阿瑞吉发现了金融化的范例之后，他的一些平衡就彻底被打破了，《漫长的 20 世纪》可以说基本上就成为一本与自 14 世纪以来金融资本在资本主义的历史的发展进程中的较为有用的著作。也就是说，《漫长的 20 世纪》这本书其实就是对现代的世界体系演变特性与规律性及系统性的描绘，并且阐述了由文艺复兴时期到当代资本主义的扩张及霸权国家逐次地循环，强调了资本物质的扩张时期如何在过度的竞争的压力下渐渐消失，让位在金融的扩张时期，可以说后者的消失促成国家之间的混乱。在一个全新社会组织的支持下，能够逐渐恢复全球的秩序并且再次对物质扩张的循环进而产生新兴的霸权主义国家，还消除国家之间的较为混乱的状态。荷兰、美国、英国以及热那亚因而被称为此种霸权的国家。后来的霸权主义结束了之前的比较混乱的阶段，进而形成了现在的局面。这种变化的现象并不是完全的偶然，而是一些国家之间相互的联系，表现为一个滚雪球的效应。所以，偶然性的确是存在的，但是系统性的联系其实也是存在的。

（二）霍普金斯阶段（1989 年至 2009 年）

这个时期可以说是阿瑞吉对马克思的世界体系理论的较为系统化的阶段，其实是他的世界体系的理论迈向特别辉煌的一个阶段。我们在这里可以看得出，刚才所分析的这些著作均出版于 1990 年到 1994 年这个时间段，应该是可以放在这里面进行讨论的，但我们其实认为上述的一些著作是阿瑞吉于 20 世纪 80 年代所做的研究的理论成果。实际上，这些论著是对阿瑞吉于美国初期的理论成果的一种体现，也是阿瑞吉本人正式地创立了自己马克思的世界体系的分析范式一个标志性的成果。如此看来，其实能够做出以下一些判断，阿瑞吉在美国工作最后的 20 年可以说是成为他本人发展并完善其世界体系的分析范式的一个关键的时期。其中 1999 年所出版的《现代世界体系的混沌与治理》、2003 年与他人合著的《东亚的复兴：以 500 年、150 年和 50 年为视角》以及 2007 年的《亚当·斯密在北京》就都成为以上判断的一些佐证。

在《现代世界体系的混沌与治理》这本书当中，阿瑞吉转变为对金融资本的扩张、社会的冲突以及霸权主义的转移之间相互关系的问题，揭示出了在当代的世界的范围内，伴随着东亚特别是中国之崛起，并且美国的霸权主义已经开始了衰落，劳动方将会用最为激烈的方式对资本主义进行宣战。所以，在将来的世界历史的进程当中，最有可能形成一种比较紧张的局面，即中国的崛起将会变为美国的权力中心之竞争的对手，还有中国的国内的劳动阶层活动逐渐高涨的态势，这些都必将对世界的资本主义历史的进程产生深远的影响。

4.2 阿瑞吉世界体系理论的主要内容

4.2.1 关于世界体系的发展动力问题

马克思指出，资本的目的就是不断地赚钱，这是资本主义对工人阶级不断剥削剩余价值内在的驱动力。所以阿瑞吉认为，马克思关于对于资本一般的公式能够被认可，不单单对单个的资本主义的投资进行了描述，同时还对全球历史重复出现的格局进行了描述，此种格局的主要方面就是金融的扩张与物质的扩张时期互相更替。可以这样认为，全球资本主义的扩张所呈现出的体系不断扩张的特点，根本原因就是资本，主要由于资本的投资是以获取利润作为目的，假如某个行业比另外的行业获得利润多，相应地资本便会自动地转移到了那个能够获取利润的行业。正如阿瑞吉所认为，在周期的初始阶段，物质的扩张可以说是一个相对盈利的行业，物质的扩张实际上也就是生产的扩张，生产的扩张需要资本进行集中，推动了金融资本的扩张，这其实吸引了大量闲置的资本把饱和的物质的扩张逐渐转向了金融方面；此时，金融资本扩张的时期就开始了，伴随着大量的闲置的资本不断涌入，金融快速地扩张，推动了全球资本主义的扩张的周期进入最后的时期。事实上，阿瑞吉把资本的积累视为全球资本主义的体系扩张之源泉。

阿瑞吉主张金融的扩张为全球资本主义的体系扩张内部动力，霸权基本上源于这种扩张体系的需求，倘若没有资本的扩张，霸权也就没有产生的可能。阿瑞吉强调了在全部资本主义的阶段，金融资本的扩张其实反映出全球规模之积累已经是由一个体制转变为另外一个体制。它们实际上是摧毁旧的体制、创建新的体制的相互关联。从20世纪70年代以后金融资本的扩张及全球资本主义的体系扩张之间关系去看，金融的扩张为全球资本主义的体系扩张之动力，所以说，金融的危机就是全球资本主义的体系最为广泛且深刻的危机。所以不论是体系的扩张还是霸权的转移，都是由金融系统的扩张决定的。

4.2.2 全球资本主义体系扩张的实质

阿瑞吉认为，帝国主义自由的贸易体制是全球资本主义的体系之载体。换句话说，全球资本主义的体系能够不断进行扩张，主要是由于自由资本主义贸易的体系。一个方面，它通过横向扩展的方式，自动地协调着价格与供求等因素变化的情况，保持自由竞争形式的市场经济；另一个方面，它实行丛林法则，贸易体系为不平等的交换贸易，造成了边缘地带利润向中心地带流动，确保了中心地带的繁荣。可以这样认为，资本主义自由贸易的体系扩张主要是以全球化作为目标。一般来说，全球化的贸易被认为是经济全球化其中的一个表现。阿瑞吉主张，在经济全球化的今天，关键的就是金融的全球化，运行的机制为贸易的全球化。由此可以看出，虽然在当代金融危机频繁地发生，甚至是相当严重的，但是由于帝国主义的自由贸易还在继续，所以全球资本主义还在继续扩张体系。

阿瑞吉提出，虽然很多人认为欧美资本主义的市场经济其实是自由贸易的经济，但实际上并不是这样。欧美资本主义的贸易推行着帝国主义的贸易体制。总之，若想对世界不平等的状况进行消除，首先必须对帝国主义的自由贸易的体系进行消灭。

4.2.3 对反体系运动的理论认识

反体系的运动就是指在全球资本进行扩张的进程之中民众对此抗议的运动，这个运动基本上表现在以下方面：一个是外围的国家以及民众对中心地带国家所推行的不公平、不合理的制度进行抗议；另一个就是中心地带的民众对于体系内部不平等的制度进行抗议。阿瑞吉提出，反体系的运动与阶级的斗争是不同的，与民族的解放斗争也不相同。对于阶级斗争来说，它不但在现代的世界体系当中存在，并且成为日趋复杂的一种力量。对于运动的主体来说，在当代西方的国家之中，参加反体系的运动主要为蓝领、白领的工人阶级，其主体主要是中产阶级为主。它并非传统意义上的阶级，特别是 20 世纪 60 年代之后反体系的运动主要是以青年的学生作为主力。从斗争的形式去看，人们在活动之中采取的主要为逃跑、造反等一些斗争的方式，所以在很多情况之下效果并不是很明显，甚至完全没有效果。对于斗争所追求的目标及对象来说，实际上并不是很明确的，所以常常出现左右摇摆、策略不当的现象。对于反体系运动前途来说，也并非指向于社会主义，而主要追求一定意义上平等地发展，很多的时候主要是倾向于经济生活进行平等发展。正基于此，反体系的运动常常表现为高涨的革命动力，但是革命的意志很脆弱，在进行一段时间后便逐渐停止了，缺乏持续性，因此影响是非常有限的。在全球资本主义的体系扩张进程之中，虽然各地出现了此起彼伏的反体系运动，但是在大多数的情况之下却未充分表达其反抗的诉求。但是，阿瑞吉主张伴随着经济全球化与一体化发展的浪潮，资本的集中运行于金融的领域以及跨国公司的运行之上，直接影响全球资本的加速运动，同时会使两极分化的现象更为恶化，日后反体系的运动主要表现就是，半边缘与边缘地区民族主义的文化观同西方的中心主义的文化观之间存在矛盾。所以，未来反体系的运动将要团结起来，形成一个强大反体系的力量。只有这样，反体系的运动才能够有效地促进资本主义的世界体系转向社会主义的世界体系。

4.2.4 中国崛起与未来世界体系的更迭

阿瑞吉关于中国崛起的理论是其世界体系理论当中的有机组成部分。阿瑞吉研究了世界体系演进过程中中国崛起的主要原因，尝试揭示出中国特色的发展道路的独特价值，做出了现代的世界体系极有可能会朝着中国崛起的道路前行的判断。在这个问题上，阿瑞吉同其他的世界体系研究者有所差异。沃勒斯坦对于中国的研究，主要是为资本主义演进规律与特点进行探索，从而揭示出中国对于现代的世界体系产生的作用；弗兰克对于中国的研究，为的主要是对以中国作为核心的纳贡体制的研究，并且新的世界的体系主要以中国作为核心，揭示出其只是其中暂时的一个环节。阿瑞吉对于中国的研究，可以认为是对全球未来趋势的探索，反映出中国的道路为世界发展的趋势所在。阿瑞吉认为，中国的崛起主要是沿袭着以前的自然增长的经济模式，实行的经济政策主要为休养生息，强调经济增长的前提必须是保护好环境，重视自然同社会协调发展的关系。中国的发展道路与欧洲的资本主义发展道路有所不同，欧洲的发展主要是以自然资源的大量消费作为前提的，其发展的模式是不可取的。中国的崛起主要为国家市场社会此种发展的模式，此种模式市场经济是非常有限的，是由国家进行有组织、有计划进行控制的市场经济，它与欧洲的资本主义的市场经济是不同的。中国的崛起充分地发挥了自身的优势，推行发展的自主性，在对外开放的进程中，并未引进西方的发展模式，而是积极地对西方先进的人才、资本、管理与技术进行引进。所以，它与其他发展中国家的对外往来是不同的，其他的发展中国家基本上都是照搬西方发展的模式，包括经济、政治和文化方面发展的模式，结果陷入西方发达资本主义模式的窠臼中去，沦为欧美资本主义的附属。

中国在发展过程中一直秉承平等的贸易理念与规则，即使东亚的贸易体系从表面的关系来看国家之间是不平等的，但其确保了成员国之间享有平等的权利与尊严，包括了经济、政治与文化等各方面平等的权利。所以其与西方自由的贸易有所不同，因为在欧美体系之中，每个成员国之间并不实际享有平等而只有形式上的平等。中国的发展主要是由于其改革的成功，遵循着本国的国情，以农村的改革作为突破口，大力扶持乡镇企业，实行了家庭联产承包责任制，从而为全面地改革创造有利的条件，这是其他的发展中国家所未能达到的。而"华盛顿共识"所鼓吹的"休克疗法"却在俄罗斯改革中遭遇重大失败，从一个侧面说明了西方发达资本主义国家所倡导的改革方案不具有普遍有效性和可行性。

中国崛起建立在中国革命遗产上，如果没有毛泽东时代取得的巨大成就，就不可能这么顺利地取得改革开放的成功。这类革命遗产包括初步建立起来的完备工业体系、拥有较好教育文化知识和组织纪律性的庞大劳动力规模，以及拥有一支高效廉洁和守纪律的庞大干部队伍等，这些都是中国崛起的先决条件，更是其他发展中国家所不具备的优势资源。

总而言之，在阿瑞吉看来，中国崛起对当今世界格局和未来的发展必将产生着重大影响。它所开创的发展道路对其他发展中国家走向现代化具有深刻的启示意义，同时也对西方发达国家摆脱金融危机和转变自身发展方式具有深刻的启示意义。

4.2.5 关于马克思学说的有效性问题

关于马克思理论学说

阿瑞吉认为马克思的学说在如今依然具有解释的效力，但同时也并非万能的。能够发现马克思的理论学说并非指向新发展的经济体，而是指向资本主义。在现今复杂的国际发展的格局中，马克思的理论解释力具有局部的意义。

（一）劳动者的运动

阿瑞吉提出，在 20 世纪 60 年代之前，人们主要关注马克思主义理论对于阶级矛盾以及劳动的过程相关解释的效力，但是忽视了生产场所的隐蔽性。但是，马克思关于劳动工人运动的思考却忽视了其内部之间的争斗，在当代的资本主义的社会之中，劳动者内部争斗频繁且激烈地发生。造成这种状况的主要原因主要是，马克思注重对工人阶级本身的解放。

（二）全球化

从一定意义上来讲，全球化早已成为当今主要的议题。马克思被认为是对全球化问题最早进行探索的学者，并且马克思的学说具有预测性质，并不是在客观事实之后进行总结研究。阿瑞吉主张，马克思关于资本主义的发展趋势的研究本质上来说是较早地研究全球化。按照阿瑞吉的理论，当代全球化的发展并未沿承马克思所预想的那个方向发展，当前国际经济重新转移到了亚洲，加上资本主义的全球化遭到一些社会主义的国家强烈抵制，更是因为当前全球资本主义的经济陷入长期的经济危机从而发展面临极其严峻的困境，所以全球化的资本主义基本上是不太现实的。那么在如此发展的态势之下，马克思曾经预言的全球化究竟指的什么？阿瑞吉提出，从全球化市场经济的发展来分析，马克思对于全球化问题的论述依然是很有解释的效力，主要由于市场经济不仅仅存在于资本主义的体系中，社会主义也同样存在市场经济，实际上社会主义的市场经济也是有极强生命力的。

（三）分工

阿瑞吉提出，西方现代的经济学对于斯密的分工理论经常会产生误解，斯密认为分工是经济发展唯一的要素，其阐述并不是对分工的问题简单地考察，而是细致研究过马克思所提出的内部分工与社会分工。但是，斯密对于这两个分工战略地位的理解和马克思理论还是有所区别的。斯密以一个工厂为例，把技术的分工视为研究的起点，而把社会的分工当作研究之目的，对城乡以及不同的经济活动相互之间的分工进行了探索。和斯密不同，马克思把社会分工作为研究的起点，落脚点为技术的分工，而且把后者放在战略的地位之上。所以，马克思理论的价值主要是揭露出隐蔽生产的场所产生资本对于劳动者剥削与压迫，正如马克思在《1844年经济学哲学手稿》当中提及的，马克思劳动分工的分析对于当代的发展依然具有效力，马克思对于技术的分工过细从而限制劳动者全面自由发展的批判，此种理论对于现代的发展也具有指导意义，现代科学技术迅猛发展使行业内技术的分工进一步得到了细化，所以其对于劳动者的剥削程度并未减弱，甚至在个别领域分工还进一步被加强；马克思主要批判了行业间技术的分工导致工人之间的竞争，此种状况并未得到根本的改变，很多全新的产业在当代已经兴起，扩大就业的领域，但对于技术分工的层面来讲，劳动者之间的竞争总体上比以前更为激烈了，最直接的结果就是工人内部形成了明显之分化，这样工人阶级整体的力量进行了分化，对工人阶级革命的战线也进行了消解。

（四）资本主义

在这个问题上，阿瑞吉本人非常认同马克思对于资本主义的描述时至今日依然有着解释的效力。首先，马克思认为资本主义主要目的是赚钱的本性，其本性在如今也并未发生根本的转变。阿瑞吉在首次系统地论述了资本主义演变进程的时候，他并未完全地了解资本主义关于空间修复的功能，这个功能就是指资本主义在它发展过程中能够对资本主义早期形成的矛盾进行修复，这是源自资本主义积累资本的过程。实际上，资本主义积累资本的过程与非资本主义资本的积累还是有区别的。纵观历史，资本主义审时度势，每次均寻求更大的发展空间。资本不断累积开始是在规模较小的城邦，后来转移到荷兰与英国，最后在 20 世纪转移到了美国。此种演变历史历程主要是在资本主义想要不断赚钱的本性驱动之结果。第二，马克思有关于资本主义的普遍发展之理论在当今依然有着一定程度解释的效力。阿瑞吉对于马克思观点肯定的同时，也提出了不一样的见解。因为在阿瑞吉看来，马克思的理论观点是针对全球化的问题，但马克思所阐述的资本主义将会普遍存在的现象目前并未出现。虽然如此，马克思学说理论为进一步厘清全球化的问题提供原始的思想，不但反映出马克思理论学说在当代的价值，而且还说明了马克思学说之远见。第三，马克思对于资本主义的危机学说在当代依然具有一定程度的解释力。实际上，马克思在《资本论》一书中有过此内容的探究，只不过马克思把理论的重心放在物质的扩张这方面。总体来说，马克思将金融的扩张以及危机当作物质扩张附属品。尽管这样，马克思对于金融危机及其扩张的探索还是非常具有启迪意义的。最后，马克思针对资本主义必将灭亡之理论依然适用。阿瑞吉虽然并不赞同马克思关于共产主义代替资本主义之论断，但其非常认可马克思关于资本主义终将灭亡的说法。一方面，他基于资本主义的历史发展进程，意识到了资本主义自身是在不断变革与调整自己，所以现代的资本主义作为一种资本主义存在的形式终将走向灭亡；另一方面，他认为世界资本主义的体系扩张并无前途可言，倘若使世界体系存续下去，那么资本主义的世界体系便不能保留，社会主义的世界体系才是适合发展的，也就是世界市场社会。从此意义上来看，人们要把其与社会主义国家之间的联盟区别开来。阿瑞吉对于使用社会主义一词并不反对，只不过社会主义之前经常与国家所掌控的经济联结在一起。这其实并不是好的方式，把社会主义与国家联系起来将会出现严重的状况。因此，如果是社会主义的世界体系，它应该是在对关注自然与尊重人类基础上重新进行界定。

4.2.6 阿瑞吉的世界主义视域

弗兰克在 20 世纪 90 年代末就对沃勒斯坦与弗兰克世界体系的马克思主义理论进行了指责，因为他们倾向于欧洲中心主义的思想。依照弗兰克的观点，阿瑞吉等一些研究者所指称的世界的资本主义本质上也就是欧洲的资本主义，在他们眼里依然把欧洲作为研究世界的中心，把当代全球各地区资本主义视为西方资本主义的衍生品。也就是说，在现代的世界体系之中，西方发达的国家为中心地带，资本主义的一些国家控制的发展落后国家与地区为边缘地带，在资本主义的视角来看，中心地带为历史悠久的资本主义，而边缘地带主要为发展不久的资本主义。问题的关键是，单单凭这一个方面便认定阿瑞吉等一些研究者为欧洲中心主义研究者显然是不全面的。暂且不论沃勒斯坦是否倾向欧洲中心主义，阿瑞吉对中国相关问题的研究深入且广泛，而且对于中国在世界体系中的肯定，就能够说明他其实并非真正倾向于欧洲中心主义，他是一位具有世界眼光的学者。阿瑞吉世界体系视域首先表现在，他认为无论欧美，还是亚洲与非洲，其发展并非独立地进行，而是在这发展不平衡的世界体系中寻求平衡，不断探寻发展不均衡之真相。第二，阿瑞吉主要继承了沃勒斯坦与布罗代尔思想的启迪，采用中心与边缘的结构以及长时段的分析方法对不均衡发展之根源进行阐释。他总结出非洲长久以来经济落后的主要原因就是欧美帝国主义不断掠夺与入侵的结果，之所以会这样，主要原因就非洲长久以来处于欧美资本主义的外围。但是阿瑞吉在进一步地探索之中看出同样是处在西方资本主义外部的东亚地区却能够在 20 世纪的后半期飞速地发展起来，他得出结论，东亚在其发展的历史中主要是以中国为代表的纳贡的体系，正是由于纳贡的体系才使得东亚在当代的复兴有了很好的基础。即使在过去的几百年间东亚处在西方帝国主义的外围，但是其终究是比较独立且互相关联的一个世界体系，拥有着自己的生存理念与发展道路，这不但是西方资本主义的体系所欠缺的，同时也是非洲的国家与地区没有的。阿瑞吉认为在现代的世界历史中，一些国家与地区处在亚洲的纳贡体制之下，另一些国家则主要处在西方的资本主义的体系之中，还有一些国家或地区则处在这两个大的体系以外。对于西方资本主义的体系来说，东亚称得上边缘；对于纳贡体系来说，欧美则属于外围。正是基于这样的思想认识，阿瑞吉并不算是欧洲中心主义者。第三，阿瑞吉汲取了斯密的学说，基于此对东亚的市场经济以及西方资本主义的市场经济进行了研究，发现并非如人们所认为的那样，这其实是两种不同的市场经济，东亚的市场经济并不是效仿西方的市场经济，正好相反，西方的资本主义却极有可能是源自东亚的市场经济，也许为东亚的市场经济其中一个变体。可以这样说，西方资本主义的市场经济可能并不会存续太长的时间，未来人们将不会继续对其选择，并且将会被以中国作为核心全新的市场经济进行取代。阿瑞吉特别强调中国发展的市场经济与欧美的市场经济有所不同，与斯密提出的国家的市场经济类似，换句话也就是说，当代中国市场经济的发展否定了西方资本主义的市场经济，同时对于斯密论述的国家市场经济进行了继承。实际上此种所谓的继承主要是建设一个新的市场经济，并非对以前市场经济的简单复制，这其实就是人们所谓的社会主义的市场经济，其与封建的经济存在着很大的差别。可以这样认为，阿瑞吉认为市场经济有三种类型：亚洲纳贡体制之下的市场经济、当代全球体系之下西方资本主义的市场经济以及中国社会主义的市场经济，从这里能够看出，阿瑞吉不但有着世界宽阔的眼光，同时还把东方和西方联结在一起的全球视野。最后，阿瑞吉其实对于东亚的纳贡体制与今代中国之崛起的探索并非要把其纳入资本主义的体系当中，而是认为西方资本主义的体系主要源自东亚的纳贡体制，并且必将是回归到以中国作为核心的世界体系，正因为如此，阿瑞吉认为中国在未来的世界发展进程当中将起着重要的作用。由此能够看出，阿瑞吉并非为真正的欧洲中心主义倾向者，他其实是一位世界主义学者，他运用整体主义的方法对西方的资本主义的历史进行审视，对东亚以及中国在世界历史上的作用与地位进行了重新地考量，从全球经济发展之客观的规律中揭示了中国崛起的重要性与必要性。

4.2.7　阿瑞吉对市场经济多样性的理论论证

阿瑞吉依照斯密关于市场经济的原理对市场经济进行了系统性地考察，想要揭示出全球市场经济不断发展的规律性。斯密在进行研究的过程中认为，市场经济也并不单单产生于欧洲，东亚在很早以前就已经产生了以中国作为核心的市场社会，这可以看作市场经济早期的形态。国家的市场经济主要为国家之间经由市场相关机制，进而紧密地联结在一起，此种市场机制基本上无法进行自我的调节，而是需要进行调控。虽然如此，却无法否认其实质上为市场经济的一种模式。与此相对，兴起于欧洲的自由的市场经济，起初是欧美各国相互之间协商，而后是同其他的国家进行磋商，取消了配额、劳动力的流动管辖以及关税，可以说具有强大的自我调节的能力，特别不赞成政府对于市场的宏观调控。

阿瑞吉发现，目前很多学者把美国的市场经济运行模式视为标准去对东亚各国的市场经济进行考察，甚至不承认后者为市场经济，这种研究问题的思路显然不正确。通过分析能够看出：一个方面，西方市场经济并非没有根源，主要来源为东亚发展的国家市场社会的运行机制；另一个方面，东亚的市场经济和西方的市场经济之间的差异，能够反映出后者主要是在对否定性批判前者的基础上所形成的，市场的发展主要依靠自我的调节，而不受国家的控制。所以，人们不仅要正视亚洲国家市场社会其实也为市场经济的一种模式，但也不要把它同欧美的市场经济进行对立，而是要把它们放在世界经济发展的历程之中去考察其相互之间的关系。假使没有相关的研究，那么便不会真正地领悟西方市场经济之本质。

从根本上来说，以中国作为核心的市场经济应当被认为是原生态的，以西方作为中心的贸易系统为次生态的，这其实在客观上便预示着欧美市场经济终将被更加高级的市场经济所代替，这已然成为全球经济发展的必然趋向。问题关键在于，新型的市场经济究竟是怎样的，阿瑞吉针对中国经济获得空前发展现状，认为中国所创立社会主义的市场经济使中国之崛起打下了坚实的基础，此种市场经济与欧美自由贸易的市场经济有着本质的区别，也并非亚洲纳贡体下的市场社会，这种全新的市场经济具有较强的自我调控能力，而且国家也参与调控。值得一提的是，目前中国市场经济极有可能为世界经济发展史的第三个阶段，将会对西方资本主义的市场经济进行取代。阿瑞吉主张，市场经济其实早在中国汉代就已经出现，经过不断发展，直到20世纪中期随着西方帝国主义的侵略而变得衰落，这只是全球经济发展史第一个时期。它不但反映出并不单纯为西方资本主义的市场经济，其实市场经济还存在着其他不同的种类，并且很多的优势是西方资本主义的市场经济不具备的。

阿瑞吉研究发现，西方资本主义的市场经济基本上颠覆亚洲市场经济发展模式，不但运用武力与工业品将市场拓展到全球的每个角落，并且力图替代其他经济模式，形成了欧美市场经济占据主导的态势。阿瑞吉认为西方资本主义者忘记了世界的多样性，但他们要把人们生活的世界放在市场经济的体制之下，这实际上并不是很合理。一个方面，市场经济绝对不可能只发展到欧美市场经济这种程度就戛然而止；另一个方面，全球本身不平衡的发展与多样性情况就决定市场经济具有多样性，以便适应各民族与国家发展经济的需求。从此种意义上来说，中国社会主义的市场经济其实是顺应经济发展的大潮，不但具有历史的正当性，而且还拥有着现实的有效性，由于它并非完全国家的市场经济，也不是完全的欧美市场经济，所以它不再以小农经济作为基础，而是以现代化的经济作为主导；不是完全依靠出口，而是把国内的市场作为基础，也并非完全的自由竞争，而是在国家灵活有效的领导下发展经济。

总而言之，系统性地研究市场经济可以说是阿瑞吉世界体系的马克思主义理论一大亮点。

4.3 阿瑞吉世界体系理论之评析

4.3.1 阿瑞吉的世界体系理论的新左派理论性质

众所周知，阿瑞吉关于世界体系的理论能够纳入世界体系的马克思主义理论范畴。通常来讲，阿瑞吉正如其他的新马克思主义学者那样把马克思主义理论和方法同世界体系的分析方法结合在一起，主要是考察了全球资本主义的体系扩张和东亚的复兴以及中国之崛起等很多实践性的问题，并反思斯密的理论及新自由主义的理论甚至对马克思主义的理论等均进行了反思。诚然，在与其他的新马克思主义的理论比较的时候，阿瑞吉世界体系的学说激进的成分是比较多的，革命的色彩也相对浓厚，有更为强烈的反抗精神。在这个层面上来看，阿瑞吉称得上是一个新左派的学者，其理论学说也称得上是新左派理论之代表。

阿瑞吉在意大利的时候坎坷的人生经历以及非洲当地人们进行反对殖民主义的运动，强烈地激起他对世界现状进行积极地思考。即使到后来又返回意大利，他依旧在进行思考，而且设法探究非洲受压迫与不发达的真正原因。一方面他批判了世界体系对于非洲国家与地区殖民的压迫及掠夺，另一方面他参与了意大利的左派所组织的运动，用实际的行动表达了资本主义国家对于人们剥削与压迫的不满。阿瑞吉在 70 年代末移居到了美国，在同沃勒斯坦等一些学者一同工作以后，深受马克思主义理论的熏陶。阿瑞吉在美国工作的时期，不仅创立自己独特的世界体系分析方法，而且还感受到马克思主义理论之魅力，深感马克思主义理论对于研究任一社会科学的领域均无法回避的理论高峰。不管人们究竟支持马克思还是反对马克思，在他们看来，如果没有马克思理论元素的参与，不汲取马克思的理论养分，均不能够称之当代的理论。阿瑞吉继承马克思所开辟的政治经济学之道路，并对其进行不断地探索，在经济的层面研究了世界发展不均衡的原因，同时深入地探寻了中国之崛起与东亚复兴在世界历史上的意义，甚至在经济的层面进行推断，世界资本主义的体系最后将走向灭亡，未来必定能够创建一个互惠互利、平等公正的世界体系。

4.3.2 关于世界体系中的东亚纳贡体系的价值定位问题

阿瑞吉对这个问题的研究主要是为了能够深入地去对全球资本主义的体系实质进行探索，在他看来，东亚的纳贡体系存在远远要比欧洲的资本主义体系早，带动着东亚地区经济的发展。弗兰克把东亚的纳贡体系界定为世界体系的范畴之中，把其看作世界体系真正的开端与代表，正是在此意义上进一步地将亚洲、拉丁美洲等地区全部纳入世界体系当中。根据大量的资料显示，能够推断出这些国家与地区在西方资本主义的体系创立以前经济就已经发展得很好，否则也不会积累很多的财富，远远高于欧洲。亚洲地区的落后也就是近二百年欧洲的资本主义体系发展壮大之后才出现的，他推断北美与欧洲属于暂时性的领先，即便过去的二百年中国要比欧洲落后，但中国在其以前的纳贡体制之下长期地处在世界经济核心的位置，值得关注的是在世界体系未来的历史格局之中，中国同样也具有其核心地位，主要是由于中国在当代之崛起标志着其发展的趋向。可以这样认为，弗兰克此论断同阿瑞吉论断基本上是相同的。首先，阿瑞吉并未将东亚的纳贡体制纳入现代的世界体系当中进行讨论；其次，他主要研究世界体系未来发展形态，而并非努力去论证当代的世界体系根源于东亚的纳贡体制；最后，他主要根据斯密市场经济的理论去对东亚的纳贡体制与中国经济进行分析研究。换句话说，他把东亚与中国经济的发展都纳入全球市场经济史当中去进行考量，使其变成世界的市场经济当中有机组成的一个部分。在这个基础之上，提出以下的判断，即东亚的纳贡体制是在中国发展的市场经济基础之上建立起来的，也可以认为中国的市场经济其实是作为市场经济发展的真正的开端，西方的资本主义的市场经济是以它作为基础，并且通过其变革而逐渐形成全新的一个体系。所以全球市场经济最终是要以中国的国家的市场经济作为落脚点，而并非永久地停留在西方资本主义的市场经济，这个论断强化了阿瑞吉对于中国的崛起以及对世界产生历史意义的研究探索。在阿瑞吉看来，虽然东亚的纳贡体系在历史上不再算是世界的资本主义的体系之范围，但其对于资本主义体系的产生和全面的扩张可以说起着不容小觑之作用，特别是中国的崛起以及当代的东亚经济发展都已经作为世界体系当中最有活力与发展潜力的部分，打破并改变了世界政治经济格局，推动了世界经济中心的转移，重建了以东亚与中国作为核心的全新的世界体系。研究发现，考察中国之崛起与东亚的复兴才能够对未来的世界体系的发展趋向进行理性的把握，假使人们对中国之崛起作用与本质没有清楚的认识，只有理解其正在成为推动与维护世界的发展和平等其中不可或缺的现实的力量，人们便会掌握对未来的世界发展主导权，就会扭转被欧美列强所长期主导的不平等的世界局面。可见，通过弗兰克与阿瑞吉关于亚洲问题的研究，使人们对世界体系的理论本质有更深层次的解读。

4.3.3 阿瑞吉研究世界体系的方法评析

阿瑞吉所采用的研究的方法具有多重性质，包含了周期性的分析法、结构主义的分析方法、矛盾和差异研究法、东西方对比的研究方法等。倘若说这些研究的方法在其他的研究者理论当中也能体现到的话，从比较的方面去看，阿瑞吉经济学的研究方法与东西方进行比较的研究方法则反映了其研究方法所具有的特点。通过研究人们发现，在经济学的研究方法与东西方进行比较研究的方法之中，后一个尤为反映出阿瑞吉独特的研究方法，甚至能够得出结论，即阿瑞吉的其他研究方法均可能是辅助于比较研究法。此种研究的方法并非对东西方经济发展的状况才进行的一般的横向的比较，而是把其放在世界历史总的进程当中，从其动态的发展变化当中进行比较性地反思与研究。从表现出来的以下方面能够看出：第一，阿瑞吉有关于东方的研究比重相对来说多一些，他的世界体系的马克思主义理论研究逻辑起点就是亚洲，尤其是对中国，而并非欧美。弗兰克认为阿瑞吉的研究是以欧洲作为中心，倘若真的如此，那么他应当以西方与欧洲作为世界体系研究的逻辑起点，换句话也就是说，应该把西方资本主义的体系之产生和发展演进的历史作为逻辑研究的出发点，但实际上的情形却巧相反。阿瑞吉投入大量的精力对中国以及东亚经济的发展进行研究，后来又回溯到西方的资本主义，对资本主义的体系扩张的规律性与特点及其世界历史的未来走向进行了探究。这样的研究方式同人们在其论文著作当中所看到顺序其实是不一样的，阿瑞吉在向人们论述他的研究结论与成果的时候，其基本上是从西方资本主义的体系扩张进行叙述的，进而介绍东亚及中国发展的现状，可能人们就是基于此才会认为阿瑞吉逻辑的起点为西方的资本主义。实际上阿瑞吉这里面就涉及两个逻辑出发点的问题：一个是研究逻辑的出发点，那就是东亚与中国；另一个是叙述的逻辑出发点，主要是西方与欧洲。马克思曾经提到过，研究的方法和叙述的方法是有所区别的，那么在这里人们也应当理解阿瑞吉研究和叙述之逻辑出发点是不一样的，需要清楚的就是对逻辑的起点不相同的是不能够混淆的。第二，在东西方的研究比较当中，阿瑞吉对于东方之肯定要远超过对于西方之批评。从阿瑞吉论述中能够看出，阿瑞吉对于东方的经济的发展道路是非常赞赏的，不但公开肯定18世纪之前中国与东亚保持长期经济强国之地位，而且还明确地肯定了中国与东亚经济发展的道路之可行性与合理性，例如勤劳革命、无剥削的累积、互惠平等、不称霸等贸易的协定。但同时阿瑞吉也对西方的资本主义的经济发展道路却有着比较猛烈的批判态度，批评了造成全球体系不均衡发展的局面，还对帝国主义的本性进行了质疑，揭露出资本主义发展道路当中诸如殖民主义军事掠夺与扩张并占有其生态的资源与社会的财富、不平等的交换、霸权等不可行性与不合理性。可以这样认为，经过其对东西方的经济的发展的比较研究，能够从中发现东西方经济的发展的模式之优缺点，也正是基于此研究和比较，发现所谓的欧美的优越感其实具有不真实性，这主要是由于西方先进性建立在阻止大多数国家的发展以及对边缘地区的剥削与掠夺。第三，阿瑞吉研究比较当中，对中国崛起之成功及其远景更为看好，并把其视作未来全球发展全趋势，而对欧美的资本主义却产生了很大失望，还认为世界资本主义的体系将会走向灭亡，这是其必然历史趋势。阿瑞吉自始至终均是以经济领域为研究的主导，并对其内容展开深入地探索，研究东方与西方经济发展的联系与差别，揭示了全球经济发展前途及规律。

　　关于研究的方法，弗兰克则是主要运用了世界历史、人类的中心主义、整体主义、长周期以及结构主义的分析方法，通过对 5000 年整体的世界发展史进行整合与阐释，揭示出了世界体系内部之间相互的联系与作用。虽然弗兰克思想理论还存有一些缺陷，但是弗兰克世界体系的研究方法与观点对国际理论关系重新思考提供了全新的一个视角，有助于对国际关系当中存有的问题进行解决。弗兰克的理论在某种程度上对世界体系的理论思想进行了吸收，尤其运用了整体、多元主义以及世界历史的分析方法，并且对其进行深层次的研究。弗兰克的世界体系理论是把世界经济作为核心进行创立的，并且以世界经济为出发点，联结政治、社会、军事、文化从而形成了一个大的整体。弗兰克的思想在国际关系理论之中不算是主流，其理论与马克思主义联系紧密，其更加倾向于辩证唯物主义与历史唯物主义分析的方法。马克思与恩格斯关于历史唯物主义与辩证唯物主义分析方法是极其有价值的，不论国际关系研究的侧重点是哪一方面，必须把其放在整体社会之中，在探讨其自身的发展规律时，要充分地考虑到相互之间的联系与作用。弗兰克将世界体系视为基本的分析单位，进而研究世界体系的构成部分之间相互作用与相互联系，尤为重要的便是，他阐释了世界体系的动力与结构，及其对部分所产生的作用，而国际关系的研究主要是以国家为核心，忽略了全部或者部分体系力量之必要性。弗兰克关于体系对组成部分之作用尤为重视，曾经运用此研究方法对社会主义的国家在世界当中的地位进行了分析，并且对东欧剧变和欧洲再次联合进行了成功的预测。弗兰克运用了长时段研究的方法考察了世界体系发展的历史，把握了全球整体发展之动力与结构，并且对于非西方的国家在世界体系之中的作用与地位进行了充分地研究分析，对于欧洲中心论尤为反对。

4.3.4 阿瑞吉世界体系论的特质

对世界体系马克思主义进行研究的学者们大体上有如下的共识：首先，世界资本主义其实为体系化的一个经济体。沃勒斯坦与阿瑞吉都把世界资本主义的体系称之为现代的世界体系，同时也称之为世界经济体系。他们一致主张，尽管世界资本主义的体系属于经济的体系，但同时也算作一个社会与历史的体系。这样说的原因就在于，世界资本主义的体系发展的历程及社会的内容是很复杂的。纵观人类的历史，古代和近代阶段均未出现世界经济的体系，只有在现代的历史时期才创立资本主义的全球体系。能够看出，沃勒斯坦和阿瑞吉关于如何理解世界体系方面存在一些共识：第一，二者均认为世界体系其实也就是指世界资本主义的体系，目前存在五百多年；第二，二者均认为世界体系为中心与边缘的结构体；第三，二者均认为世界体系本质的特点就是霸权的转移；第四，二者均主张世界体系并非静止，而是属于不断变化的过程，其变化能够反映出周期反复的特点，其总体的变化特点就是上升与衰退周期性过程；第五，二者均主张世界体系之变化从总体上看表现出逐渐扩张的态势，在全球将处于主导；第六，二者均主张世界资本主义的体系实际上为贸易经济体系。不同点主要在于：第一，在结构问题上，沃勒斯坦提出了半边缘的概念，学术界认为这是沃勒斯坦原创性概念；第二，在体系的扩张方面，阿瑞吉创设性地指出了世界体系的扩张包括金融扩张与物质扩张，并且提出体系扩张是以物质的扩张为起点，以金融的扩张作为成熟的标志；第三，在体系未来发展问题上，沃勒斯坦主张现代的世界体系很有可能会被全新的世界体系替代，阿瑞吉则表示以中国为核心的世界体系最终将会取代目前的世界体系。

同沃勒斯坦比较而言，阿瑞吉所主张的世界体系分析之优势与特色基本体现于经济学的维度方面。首先，沃勒斯坦世界体系的分析基本是建立于历史学与社会学视域之上，也就是提出超长周期的研究方法，同时吸收马克思关于社会结构的研究方法，指出政治、经济以及文化这三个分析视角，指明世界资本主义的体系其发展过程就体现在政治、经济、文化三方面之扩张；阿瑞吉则继承布罗代尔关于金融资本扩张理论，还有斯密与马克思关于政治经济学的批判，主张体系积累周期的分析方法，认为世界资本主义的体系扩张实质为经济之扩张。第二，沃勒斯坦主要研究西方资本主义产生、发展、演变的过程，强调了世界历史是以资本主义的体系作为基础的，算得上历史中唯一世界体系；阿瑞吉侧重于对世界资本主义的体系扩张规律与特点进行考察，指出金融的扩张以及周期性的变化乃是体系扩张成熟的标志及内源性的动力，而且还对当代中国的崛起进行了分析，既是世界历史发展的必然趋势，也是全球体系发展的必然结果。第三，沃勒斯坦对于世界体系规律及演变特点的研究，主要是以现代体系霸权核心转变、生产的方式、意识形态、国际分工、文化进化等作为基础的；阿瑞吉则主要是以贸易自由、市场经济、金融的扩张、资本的积累、东亚与中国之崛起等视角，对全球资本主义的体系扩张和未来的发展趋势进行了探索。第四，沃勒斯坦汲取了马克思和年鉴学派的研究方法、罗莎·卢森堡的相关理论，还有中心与边缘理论；阿瑞吉主要汲取斯密经济学的相关理论学说，还有亚洲的研究者对于东亚纳贡体系之研究。

第 5 章　弗兰克世界体系的马克思主义理论

　　安德烈·冈德·弗兰克是依附论的主要创立者，其对依附论的完善有着很大的功劳和学术贡献，还得到了人们的敬意与支持。但是，其思想不局限在依附论上，资本主义经济危机与世界体系的研究，也是其主要的研究领域并以此而著称。其思想历经了漫长的成长历程，在此历程不停地变化下，显然能观察到他思想成长的轨道。弗兰克的思想成长大概可以划为西方正统的发展理论、依附论、全球资本主义危机理论与世界体系论四个时期，在不同的各个时期，他都有很多的作品诞生。本章要在弗兰克与沃勒斯坦世界体系的马克思主义理论的比较分析中来确认弗兰克在构建世界体系的马克思主义方面的新贡献的。在对世界体系的内涵与特征方面的不同界定方面，沃勒斯坦认为，全球体系应该是现代资本主义体系与世界帝国两部分，二者都是把 1500 年作为其分水岭；而弗兰克世界体系仅是一个，1500 年的前后并无质的差别，并且为连续的。关于世界体系的主要结构方面二人也存在差异性认识。由于对世界体系界定的标准有所不同，五百年的世界体系与五千年的世界体系在其结构方面确实有很大的不同。沃勒斯坦主张不同地带存在着明显的依附关系；弗兰克认为不同地带依附的关系并不是很明显；关于世界体系的主要周期节奏的不同看法，周期节奏与长期趋势反映出现代世界体系具有动态的性质，其中的周期包含了康德拉季耶夫周期与特长周期。与沃勒斯坦相比较而言，弗兰克对世界体系周期更为关注，五千年的世界体系动态性主要表现在五百年的周期交替；在全球资本主义体系扩张内原动力问题上，按照弗兰克的观点，世界体系发展的动力便是资本霸权与资本积累，而这并非资本主义扩张体系所独有的动力源。

5.1 弗兰克思想形成的背景及渊源

能够看出，弗兰克的几个时期的思想发展有着显著的联系，自我否定并不是否定所有的以前的思想，而是遵照了马克思主义哲学里面的否定之否定的规律，在放弃的时候，继承了以前所做研究中的许多观点。就好像多斯·桑托斯所说，依附理论慢慢靠近世界体系理论，弗兰克整个思想的发展历程也遵守着如此的发展规律。弗兰克写了许多的作品，并且他还是具有想象与创造力的思想者，同时又是颇具争议的思想家。首先，他与马克思主义联系紧密；其次，他具有批判思想，导致许多的学者将其纳入激进的学派里面，大家对其的批评是一阵又一阵。即使这样，人们依然肯定了弗兰克思想的价值作用。想要很好地了解弗兰克的思想以及发展状况，准确地对其理论贡献与思想进行评鉴，就需要清楚明白地知道他的理论或思想及其发展的进程。

5.1.1 弗兰克世界体系论形成的背景

1929 年，弗兰克出生于柏林，后随父亲来到了美国，在好莱坞地区的中学读书，中学毕业后就读于宾夕法尼亚的斯沃兹莫尔学院，取得经济学学位。后来，弗兰克在芝加哥大学攻读博士学位，跟着货币学派的弥尔顿·弗雷德曼学习，且取得了经济学博士学位。就读于斯沃兹莫尔学院时，弗兰克是作为凯尔斯主义者的。可是，在芝加哥大学时，人类学引起了他极大的兴趣，且通过大量的时间来学习研究它，还和许多的人类学家为伍，并且开始否定自己导师的论点，提出 19 世纪的算术远没有政治与社会因素更有阐释能力，社会因素决定了经济的发展，而社会与经济发展是由社会变革决定的，社会冲突使社会开始了改革与变化。

经济学研究过程中，弗兰克察觉，由配第、休谟、斯密、李嘉图开始到穆勒、马克思等古典经济学家都很看重发展的问题，注意分配效率与平等分配。但是，到 19 世纪的革命以后，平等分配给清理了出去，而经济学里面只下分配效率。在研究福利经济学后，弗兰克指出资源的分配效率和收入的平等分配是无法割裂开来的。在此基础上，弗兰克更深层次地了解到，发展过程中，实际重要的是政治因素，原因是改革很不容易实现变革政治，所以变革应该从政治革命开始。然而，植根于美国思想与发展研究根本就不是实现发展问题的组成；反之，问题的一面就是由它们组成，原因在于政治里面的实际问题与实际的解决方法遭到它们自身的模糊或否定。总的来说，这个时期是弗兰克思想发展的第一个时期，也就是用正统的理论探索发展问题，在他自己的思想里，这个阶段是他学术与信仰相分开的阶段，换句话说，学术则为生活，然而信仰却藏在了心里。

　　弗兰克来到美国后，生活贫穷。在读书期间，做了很多的兼职工作，这样的生活经历，使其得到了许多课本里没有的知识，让他一直坚持的追求社会的正义与人类的平等。并且这对他以后思想的形成有着很大的影响，让他察觉了其他人看不到的东西，弗兰克对社会学与人类学的兴趣也许就是由此而来的。在取得博士学位后，他把注意力放在了拉丁美洲的发展上。与此同时，他又接触到了马克思主义，且把这两方面给融合在一块。由正统理论到依附理论研究的转移，历经了一个发展历程。在 1963 年时，弗兰克写了几篇文章，批判二元理论及人们认可的其他理论，同时尝试寻觅阐释不发达发展的理论替代品，依附理论的创建可以把这几篇文章作为前期的储备工作，在这里，我们暂且把它们纳入依附理论里面。因而，由弗兰克离开密歇根州立大学开始，到 1960 年到古巴以及 1963 年这一段时间，正是弗兰克由正统理论转移到依附理论的过渡阶段。在这一段时间里，弗兰克前后去过古巴、智利与巴西等拉美国家，并和这些拉美国家的同行一块儿，开始探究拉美国家的发展问题；其解析了投资机制与帝国主义援助他国的实质，还解析了结构主义与凯尔斯主义的方针策略错误的地方，提倡通过激烈的社会改革来促成社会主义。

　　在 1963 年，弗兰克批评西方正统发展理论时，还提出了"不发达发展"的含义与涉及依附理论的论点，而此时的作品一直到了 1975 年时，才以《论资本主义不发达》这个名字出版。此书以理论角度阐释了"不发达发展"的含义与其诞生的根由，依附理论的萌芽阶段此时开始。以后，弗兰克撰写了很多文章，并且印刷出版了很多书籍，还开展了和其他学者的争辩，批判他们的论点。弗兰克还用依附理论早期的观念作为他进行具体分析的指导理论。弗兰克在 1964 年写作了《智利的不发达的发展》一文，1965 年，巴西军事政变以后，他由巴西来到了墨西哥；他在 1965 年又写作了《巴西的不发达的发展》一文，此两篇文章和其他文章共同组成了他的名为《资本主义与拉丁美洲的不发达》的第一本书。此书研究属于个案，仔细详实地观察研究了智利与巴西的不发达的发展状况。

　　1993 年前后，弗兰克实现了有关 5000 年世界体系理论的初始的构建，也就是创建概念系统与解析模式，在后面的十来年里面，其不停地补充与提升发展自己的理论，且用来解析当代的国际社会、政治与经济，其美国探究同样是这样的。因为其世界体系理论和沃勒斯坦思想是不一样的，他认为摆脱了沃勒斯坦的世界经济或者系统解析的欧洲的中心论的束缚，因而，其给世界经济或者系统解析供应了新的视域，第一，揭露了世界发展的持续性。世界经济或者系统不是出现于近代阶段，并且现代的世界经济或者系统仅是 5000 年世界经济或者系统里面的一个构成部分，因而，世界经济或者系统的变化发展不会有断裂，反之体现为持续性。第二，拥有极大的价值与道德取向。世界体系的构造是不公正、公平的，核心霸权占有着系统里面的优势位置，然而边缘地方与外围位于不利的位置。核心地方由边缘地方与外围得到益处，边缘地方与外围给核心的积累贡献力量。第三，弗兰克主张的世界体系的理论是具有革命性的。西方研究者用自己的视域探究其他地域与国家，因而西方的价值观念、社会制度与其他的一些因素所起的用处被扩大了，弗兰克坚持不懈地在寻求取代欧洲中心主义的理论，用来阐释世界变化发展的历程与规律。第四，明确指出了发展中国家的发展道路。沃勒斯坦的思想与其比较，弗兰克的视域较为广阔，为人们考虑地域与世界的发展带来了启示，脱离了西方的意识领域带来偏差的看法。弗兰克指出，世界体系的发展的动力来自资本的不断积累与霸权，并不是世界资本主义体系扩展而特有的内在动力。

弗兰克认为，如今一旦谈到西方的价值观念，许多人顺口就会说出：自由、平等、民主、公正、博爱、尊重私有财产、主张创新、幸福的生活、进取等等。事实上，上面谈到的积极乐观的价值取向与理念应是整个人类所共有与一起追求的东西，并不是西方的资本主义国家所特有的、所创造的，这些并不是形成西方道路价值观的中心内容。实际上，西方道路的核心价值观念还有其他所指。

弗兰克在《白银资本》书里面的中文版前言理论说：在以前半个世纪里面，整个西方的人与很多其他地区的人都认为，最起码由 1500 年过来，西方为世界经济的中心，西方为资本主义发展的起源地与原动力。甚至有人宣称，从公元 1000 年算起，更甚由更早的时间算起，都是这样。他们看来，欧洲人的某部分特有性质致使了此番的变化发展，尤其是他们拥有说是早在基督产生前就已产生的犹太——基督教"价值观念"已多次被人们所证实，此种欧洲的特殊论无非是一款胜利者的神话与满满的种族主义的神话。弗兰克指出，人们仅看下西方的兴起，就很容易地能看出来"欧洲特殊论"是怎样的荒诞不经，不能够让人相信，同样不能够作为依据。他写道，西方是怎么样崛起的呢？严格地来看，欧洲人首先是买下了亚洲列车里面的一个位置，之后，购买了一节的列车车厢。贫穷的令人怜悯的欧洲人是如何购买亚洲的经济列车上的甚至是列车三等车厢里的车票的呢？欧洲人挣到钱了，或者是偷窃，或者是讹诈，或者是想办法赚到了钱。

　　弗兰克在上面的表述里面揭露了西方道路的核心价值观念，即是：赚钱才是其中心目标，寻求财富的最大化，不顾一切地想尽一切办法地捞取钱财，包含"想法赚到钱""偷窃""讹诈"等，本质上是经由霸权主义的讹诈与殖民主义的抢劫做到"挣到钱了"。由实质上来说，不管是以前还是现在，西方的道路与它的核心价值观念完全背离了人类的公义与道德准则。一面，西方的资本主义国家无论是主观上还是客观上有意地阻碍与损坏亚非拉发展中国家的进步发展。就好像弗兰克说的："我……一贯认为：'不是封建主义，然而是资本主义'致使了第三世界与拉丁美洲地域的缓慢速度的发展。我想，此种缓慢速度的发展里面，主要的因素归到当地人民的自身上面或者认为是当地的内部因素，反而不如认为是世界体系自身功能与结构导致的。全部的一切都为世界体系的构成部分。"另一面，西方的资本主义国家竭尽全力地神化与美化西方的道路与价值观念，且明显地把世界范围的依附性的积累说与两极分化认为是理所当然，把不公平的交易与资本主义的霸权行径看成是保护世界民主与和平秩序，并把第三世界发展中的国家沦落成依附性的发展看成为世界一体化的实现，把武装侵犯一个主权的国家看成为保卫人权，等等，这些充分体现了西方道路与它的核心价值观念的反动、虚伪、丑恶的实质性的一面。例如日本，其由明治以来，在不断地把西方当成老师，进行学习，迈入西方发展道路的模式，学习西方的殖民主义者那样进行军事战争，导致中国与东亚的国家进入长时间的困境与衰弱。令人厌恶的是，如今的日本不仅不仔细地反省自身的重大罪行，却想尽一切办法给予否认、掩盖它的侵略罪行，更甚是照着西方霸权主义者姿态为自身的罪恶暴行辩解。以此来说，如果西方道路的核心价值观念仍然不断地存在发展推广，那么世界人民所期盼的平等、公正、发展、和平、幸福生活愿景是无法实现的。

5.1.2　弗兰克世界体系论形成的过程及渊源

　　在墨西哥的时候，弗兰克参加了很多有关发展理论的与政治问题的争辩，同样参加了有关封建主义或资本主义的争辩，比如，他写了篇名为《采用什么方式母鸡才会下金蛋？》的文章。同时，他还完成了名为《墨西哥的农业：1521—1630 年》的著作。此书探讨的是：在殖民时期以及外部环境的影响下，墨西哥农业与生产关系的发展历程。在这个时期中，弗兰克遇到了吉米·科克拉夫特，他们一块编纂了《依附性与拉丁美洲的发展》的文集，而弗兰克提供了《不发达的发展》《经济的依附性、阶级结构和不发达的政策》两篇文章。总的来说，弗兰克在墨西哥的时候，其将抽象的依附理论应用在批判与具体的分析里面，来进一步地研究拉丁美洲。在 1968 年的巴黎，弗兰克第一次与萨米尔·阿明相遇了，后受邀于阿明，把自己的依附理论分享给世界。依附理论包含有内部研究与外部研究两个派别，而弗兰克则是属于后者。

在墨西哥的时候，他就指出，如果我们要探究拉丁美洲的问题，那么就必须由产生它的世界体系着手，且一定要摆脱西班牙、美洲国家框架里地看到的与精神层面的假象。从这以后，弗兰克在探究拉丁美洲的时候，也不忘注意亚洲与非洲的不发达情形，还编纂了《不发达的发展》。回到智利之后，在 1968—1969 年时候，他开始了对依附性探究地批判，还依据是一个整体性的世界体系的历史进展情形又一次提问了很多的东西，核心内容指出依附理论一定要在世界体系的间架结构里面实施研究，而《不发达的发展》是反省思考的东西，此后多次修改，最后分为了两个部分，一直到 1978 年的时候，才分别以《世界积累：1492—1789 年》与《依附性积累与不发达》命名的两本书出版：第一本书描绘了由美洲大陆被发现以来到法国革命这一时期资本主义世界体系的发展进程，第二本书着重描绘的是第三世界国家在资本积累的过程中的角色。

阿连德任总统时，在智利依附论实现了实践，智利政府实施了反依附的策略，然而，弗兰克指出效率与公正的组合在实际操作上难度远超理论，人们在讨论朝社会主义改变的时候，然而他在提示人们要防备法西斯主义。在 1972 年，"不发达的发展"作为不发达国家的代表性口号时，此时他走得更远。

在拉丁美洲的社会学大会上，弗兰克提供了一篇名为《依附论既已死亡，依附和阶级斗争万岁》的论文，文中认为依附仍是存在的，然而在政治中，依附理论有用的地方已成历史。弗兰克在 1972 年的罗马，指出资本积累的世界性危机迈入了分析与理论的讨论，却不是依附论。皮诺切特在 1973 年 9 月 11 日的智利实施了军事政变，之后，智利用芝加哥学派的货币主义理论为基石，制定了经济及社会政策，其凄惨的结果令弗兰克很是震动。在 1976 年，他给自己的老师米尔顿·弗雷德曼等人写了两封公开信，之后用《智利经济的种族屠杀》为名印刷。此书披露了智利以货币主义理论基础导致的灾害性的结局，当然同样是对货币主义的批评。之后，债务危机与全球的资本主义积累的危机成为弗兰克研究的领域。这样看来，依附理论作为第二个思想发展时期，其所在的时间是 1963 年到 1972 年间。

弗兰克看到了依附论的不足后，他的思想发生了又一次的变化，也就是迈入了思想发展的第三个时期：全球资本主义积累危机研究，探究的是世界资本主义资本积累危机、债务危机和对第三世界的作用。1973 年，弗兰克回到了德国这个出生地，之后，都在欧洲工作。在 20 世纪 70 年代底与 80 年代初的时候，他写两本有关全球经济危机的书，分别是 1980 年的《世界经济的危机》与 1981 年的《第三世界的危机》，一些其他的论点在 1981 年的《经济危机的反思》的书里。他指出每次危机过后，并没有解决世界经济的结构性问题，反而加重了，还为下次危机的到来奠定了道路基础；社会主义国家进入全球资本主义经济体系，在世界体系里面的世界分工里，发展中国家处于劣势。

　　在这一段时间里，虽然弗兰克同样注意发展中国家的问题，但是关注的重点在世界体系与世界经济危机。他研究的是 5000 年的世界体系，紧密联系着沃勒斯坦的思想，当然也存在不一样。总的来说，弗兰克完成了由国家层面的研究转移到整个世界的探究。1990 年，他在《评论》杂志里面的第二期上发表了第一篇有关 5000 年世界体系的论文，也就是《5000 年世界体系史介绍》。然而，弗兰克思考这个问题的时间可以上溯到 80 年代末，所以，他第三个思想发展的时期是在 1972 年到 1989 年间。

　　弗兰克在 1990 年以后，思想迈入第四个发展时期：世界体系理论。在探究 500 年资本主义世界体系或经济的基石上，他察觉了前资本主义时期依然有世界体系，因而，他依据自己与别人的探索，抛出了有关 5000 年世界体系的理论。在那个时候，在偶然的一次会议上，他碰到了纽卡尔大学的巴里·吉尔斯。吉尔斯的探索源于保护生态的运动，想要明白当今生态危机的特性，他进而开始了国家与起源文明的研究，在 1982 年的时候，他就确信早已存在现代世界体系；1984—1985 年，吉尔斯开始了对霸权周期的整体探究，当然是由比较与世界史的角度开始的。然而，他的研究始终没有起色，一直到 1989 年的时候，他研读了弗兰克写的《5000 年世界体系史介绍》文章的手稿后，才改变了这种境况。他们两人共同讨论，且发现双方论点基本一致，进而使他们两人开始了合作，还一起主编了书名为《世界体系：500 年还是 5000 年？》的著作。

　　他们着重指出世界体系的发展具有持续性，一致认同世界体系存在了 5000 年，它是单一的一个系统，而资本主义全球体系仅仅是中间的一个过客，进而脱离出了沃勒斯坦的思想，形成了一种不同的理论。这个时期的著作主要是：《世界体系：500 年还是 5000 年？》《中亚的中央性》与《白银资本：亚洲时代的全球经济》等。《白银资本：亚洲时代的全球经济》一书曾两次获奖，被认为是弗兰克写得最好的一本书。

然而同样有人指出,仅仅在此时期里,弗兰克的研究才拥有"史"的滋味。马克思、沃勒斯坦等学者提出的西方中心论说,遭到了弗兰克的批判,进而使他转向了人类中心论,然而他的世界体系理论是不完善的。

20世纪90年代的时候,美国霸权引起了弗兰克的兴趣,并且他在此方面花费了大量的精力与时间,发表了许多作品,文章涵盖了中心地区转向东方、美国与西方经济社会的衰弱、北约在科索沃的战争与里海的石油博弈等,这些解析丰富与发展了世界体系理论。弗兰克与沃勒斯坦一样,都对社会运动寄予了厚望,并且还写了许多此方面的作品,同时他还提出,社会运动和经济周期具有一些关联,但同样自身有着无法避免的不足。虽然弗兰克关于社会变革极富乐观性,可是依然无法掩饰其理论中的悲观论点,原因在于世界体系里面结构的不均衡、不平等几乎成为一个永远的主题。

虽然弗兰克的思想历经了几次转变,可是依然能看出他思想的持续性,即他关注第三世界,关注平等、正义和公平,因此,这些关注促进了其思想的发展与变化。此外,四个时期的区分是相对而言的,正是由于他思想拥有持续性,每两个时期间有着显著的过渡期,尤其是第二和第三、第三与第四时期间的紧密联系。

5.2 弗兰克构建世界体系的马克思主义理论的概念分析框架

15世纪以来,世界范围内的资本主义发展的历史是由沃勒斯坦的世界体系挖掘的,是不是可以创建一种理论,可以很好地阐释全部人类历史的发展规律?弗兰克在内的许多人纷纷在想这个问题。艾娜·伯格认为,尽管我们用现代世界经济体系构建了世界体系的理论,然而,考古学家用它于古代社会研究上,是才开始不久的事情。考古学家与世界体系理论家一致认为沃勒斯坦没有意识到古代社会中的互相联系的等级体系,世界体系理论被培尔斯与怀特柯顿第一次修改,并运用在前资本主义社会。从那以后,许多考古学家以世界体系的论点来指导,进行解析资料,开展区域探究,并且一部分人开始试图把沃勒斯坦的理论用在史前社会上,其他一部分指出发现了世界体系模式具有启发作用,用处很大,可是在针对史前事件时,却缺少需要的解析力量。

克里斯托夫·蔡斯·邓恩同样认为:"包括较长时间与更加深度的世界体系解析具有能力创建一种新的、较强大的有关历史进化的理论,具有水平给我们贡献把当代全球世界体系变化成更加有人性的、更和平的世界社会的重要指示器。"一部分学者运用世界体系的分析方法向前追溯了世界体系产生的时间，原因在于他们看到了现代社会和古代社会的相同因素，当然囊括弗兰克与吉尔斯。他们着重指出体系发展的持续性、周期性的扩展和收缩，试图给人类进步的所有历史一个完全的阐释。在这种情况下，他们就创立了世界体系理论。

在当今社会科学理论的发展状况里，弗兰克从挑战它们的方式里，划分出了三条不一样的发展路径。首先，完全反对人们早已接受的理论方式，鲍勃·布莱默就属此列；其次，用资本主义逻辑与社会进化等的老理论阐释延长了的历史问题，阿明、蔡斯·邓恩、沃勒斯坦、霍尔等人属于这类；最后，吸纳陈旧方式的时候，创建有关世界历史进步的新的方式，弗兰克属此列。

从这可以看出来，弗兰克的研究路径不同于沃勒斯坦的研究路径，具有很大的不同，并且他脱离了沃勒斯坦思想的限制，所以其理论思想完全是一种新思想。在弗兰克研究世界历史进步的动力和周期、持续性和相似性的时候，依然没有忘记在更加宽阔的时空里思索发展的问题，冲击世界体系在 15 世纪时产生的论点，怀疑当代社会科学发展进步的前提条件。他指出，在世界体系里面，西方崇高的地位不是长久的，仅是世界体系发展行程中的单个组成体，而更不是它的整体，因为世界体系早已存在 5000 年了。

同布罗代尔与沃勒斯坦相同，弗兰克同样尝试提出阐释世界的方式和结构，由其思想发展的过程里面很容易看到，其思想不停地产生变化，比如由依附论至世界体系理论，一个理论与思想体现着一个阐释的方式，然而他在很长时间的研究与探索的进程里，最终选了世界体系理论，可以认为其剔除了不符合时代进步或是没有成熟、不完善的内容，是弗兰克全部思想的结晶。

鉴于拥有与众不同的世界观与方法论，他的世界体系理论也是独具特色。吉尔斯和弗兰克多年合作，具有很多相同的论点。吉尔斯指出，人类中心主义、历史唯物主义、结构主义是 5000 年世界体系理论的思想前提条件，都是用来阐释历史发展的持续性，弗兰克尤其看重体系的作用，也就是世界体系里面的每个部分间互相联系，它们互相联系，在弗兰克的细致地分析里，是交织在一块的。下面的解析由这几个方面开始：

5.2.1 弗兰克的历史唯物主义政治经济学及其理论视域

从上面分析的内容里能知道，弗兰克一直把历史唯物主义作为自己的思想基石，依据历史唯物主义的要求，在此基石之上宣称，世界发展的源泉在于资本积累，而不是现代世界政治经济专有。历史唯物主义政治经济学首次认可，"生活"才是人类社会组织存在的最后基石，然而，"生活"的最后基石和环境有着很大的联系。科技的发展、农业的进步让生产很多剩余成为可能性，以经济剩余为基础的"新石器革命"严重影响了人类的社会组织，然而，在这个基石之上的国家的出现与"城市革命"促进了世界体系的产生。第一，社会组织都需要经济，印度、埃及与美索不达米亚的冲积平原地区能说明这些。那里拥有着肥沃的土地与丰富的水资源，这些与生产组织紧密地联系在了一起。在有些资源匮乏的地方，人们想要实现生产周期，只能从其他地方取得资源。城市的文明与国家必须要保持繁杂的经济关系、许多的贸易、政治工具与劳动分工。世界体系环境的由来说明了城市的文明与国家原有的变动性，而这样的变动性不仅是环境、经济的，还是战略上，更进一步说，它们也许本来就是孪生的。

战略和经济的变动性及不安全，让人们不断努力去获取永远性的所需的所有自然资源，因此，维护可掌控的贸易与直接在政治上掌控所需资源的产出地是可能的，最初，城市中心的人口扩张与人口稳定依据就是它。许多中心同时都在扩张，相较毗邻，它们影响的地区发生重叠，国家的经济关系与城市中心不停扩展与深入，且夺取资源贸易路线与战略资源的时候，冲突与竞争增强了。

新的历史资料表明，经过移民与贸易、战争与掠夺，世界上的经济联系越来越普遍，联系的区域更加广阔，它超出了人们的预先想象，出现的时间则是更早。经济联系漫长的历史与体系特点得到的注意力远远不够，而更重要的问题是，忽略了贸易联系以及整体的世界体系里面的互相关联在文化、政治、社会里的长远意义，更甚的是那些探究贸易交往的人常常忽略此种体系的探究。论据表明，城市与国家产生之前，中东地域的经济联系涵盖了广大区域，并且好像历经了几千年的时间。

世界体系里面，经济联系和确定的贸易线路相联系。弗兰克与吉尔斯一致认同最重要的线路有如下几条。首先，丝绸之路。丝绸之路犹如胸腔形或纺锤状，准确地说，它是已存在好几千年的世界体系的主要部分。陆地上面，它由中国开始，路经亚洲的内部陆路与中部地区，直通中东地区，经地中海延展向欧洲与非洲；之后它连通海上的丝绸之路，由地中海开始把黑海、红海与波斯湾，及其连通的河海、印度洋、阿拉伯海、孟加拉湾、南中国海连通为一个网络，印度洋是其重心。其次，中亚地域。中国、印度、波斯、美索不达米亚、黎凡特与地中海盆地这些国家与地域参与了世界体系里面，而中亚就是路的交叉口。比如，像中国的汉朝、印度的笈多王朝、波斯的帕提亚与罗马帝国参与的世界体系里面，它发挥了关键的用处。中亚不但是其他地区的交叉点，并且对周围地区入侵与移民。

引起政治经济拓展的主要因素为人类、原料、加入积累过程的技术、市场，最为关键的是拥有特殊权力的连接枢纽或者区域之间的贸易通道。那些原材料供应的路线，尤其金属与其他战略资源的掌控吸纳大国进来，它们给希望扩张帝国权力的人做了物质的保障。政治、经济与军事在这些地区的碰撞，意识形态的、宗教的、文明的影响，全部地一切全给人们加入积累过程，加入有益于自身的剥削系统准备了有益条件。因而，这部分联系的中心一起变成竞争，及其宗教与其他文化扩展的中心区域并不一定全部是历史的巧合。因为有些地方或者通道拥有战略地位，在各种相互联系里面，它们有着重大的作用。

因而，可以看到在世界体系里面的"积累之积累"是由竞争的霸权跟其联系着的积累结构及过程构建的，然而又表露了体系进步的"逻辑"。

5.2.2　替代西方中心主义的人类中心主义及其分析方法

弗兰克认为："世界历史应为全部人的经验与发展的体现，它在很大程度上已不在'西方'区域之内，假设不用注意'出人意料'的'东方'，真正不会有'西方'。可是，他们所谈的历史仅仅是'西方'头脑中的虚拟"。弗兰克借用特加特的说法，认为欧亚大陆的两个不同部分无法分开地系在一块。同一时候，他同样不认同其他中心主义历史代替西方的与欧洲中心的国际历史，比如，中国中心论、日本中心论、伊斯兰中心论等，应该激励钻研没有剔除世界其他内容的，把人类作为中心。吉尔斯同样认为：亚洲史学界与其他的地方到处都能见到中心主义，此探究方式是不对的，在历史描绘里面，它不但给予少数人或一些文明以特殊权力，还有方法论的束缚，原因在于它把历史作为以连贯隔离的地域，每一个地域都拥有自己的重大作用，并且具有自己的发展力量，进而扭曲了世界发展进步的事情。吉尔斯与弗兰克一同意图扭转中心论探究的不足，进而用人类中心主义的手段谱写实际的世界历史，此种行为不但有益于学术探究，还有益于政治与实践。

弗兰克认为，把人类作为中心的世界历史可以给新的全球实践供应基础知识，原因是他摒弃了实体论者着重指出文明与民族的想法，还运用结构主义方式解析不停变化的经济政治的情形。人类中心主义敢于直面当代在冲突之中的地方主义、民族主义、"碎片化"与宗教认同。仅有一个人类，且具有同样的命运与共同的遗产，所以他们提倡康德式的世界主义，用来对应特殊主义、方法论上的个人主义及宗教激进主义与富有激情的民族主义，原因在于世界主义的实际操作被看作了解人类中心历史的基石，它能舒缓当今世界危机里普遍存在的反抗，指导它们朝着对的目标进军。假设人类可以互相信任、合作与认同进而创建同样的良好未来，理应着重指出新的世界主义的实际操作。资本主义与社会主义在敌对、对峙、分裂的世界里面无法繁盛，人类理应允许不同的存在。因而他们指出，摒弃 5000 年世界体系的做法是不对的。

欧洲中心主义被看作是人类中心主义的敌人，并且弗兰克坚定地不认可欧洲中心主义，还展开了对其深入地批评。他认为，不但欧洲中心主义深深进入自然科学的领域，而且还制衡现代社会科学的发展进步，况且它还扩张到西方的世界历史的编撰和教学、语言、教育大众媒体、宗教、文化里面，不但扭曲了历史真相，且还是西方自己打造的神话。弗兰克借用了约翰·肯尼迪说过的话来表达："有意的与不真诚的谎话不是真理最大的敌人，长久的、具有说服力的与不真正的自己编写与打造的神话才是真理真正的敌人。"

弗兰克观察研究了由韦伯、马克思至沃勒斯坦及以前的自己的欧洲中心主义论，指出那些历史编纂学、社会理论及其历史学具有同样的源头，它们同样扭曲了西方的真实情况。如今，亚洲在不断地浮现在国际中心，此时从头再次确定社会理论与历史学的位置是势在必行。

5.3 弗兰克与沃勒斯坦世界体系的马克思主义理论的比较分析

在世界体系的研究学派之中，最著名的代表性人物当属沃勒斯坦与弗兰克。弗兰克原本是属于依附理论之代表性的学者，在而后沃勒斯坦创建世界体系的马克思主义理论之后，他便转变为对世界体系进行研究的理论学者。弗兰克一直认为他本人在之前与沃勒斯坦做的事情是相同的，只不过是非沃勒斯坦率先提出并由此对他产生了启发。弗兰克先前认为世界体系与近代的世界历史起源为哥伦布在 1492 年发现新大陆，20 世纪 80 年代后期他提出了空间的范围更加开阔的五千年世界体系，主要由于其他学者对他产生了一定的影响。在此种理论的框架之下，弗兰克在 1998 年发表了著作《白银资本》，这本书引起了国际的学术界的广泛认可与关注。对于社会科学方面研究者来说，《白银资本》与《现代世界体系》可以称得上是人们必看的经典之作。但是若要对二者理论进行进一步地理解与探索，就要深入作品，对他们世界体系的马克思主义理论进行比较。

5.3.1 世界体系的内涵与特征方面的不同界定

沃勒斯坦认为全球体系应该是现代资本主义体系与世界帝国两部分，二者都是把1500年作为其分水岭；而弗兰克世界体系仅是一个，1500年的前后并无质的差别，并且为连续的。在世界体系的马克思主义这一概念的描述上，沃勒斯坦与弗兰克也是有着不同的见解。沃勒斯坦世界体系的马克思主义在英文中有一个横线，认为世界体系为复数；弗兰克世界体系的马克思主义其中间并无横线，表明了世界体系仅为一个。依弗兰克规定的标准，两河流域、印度河流域及埃及在公元前的3000年前后，就已经汇集成为其世界体系。而后向外周期性地进行扩张，在1500年以前就已包括了亚欧非等地区，新航路的开辟也非常迅速地延伸到了全球。弗兰克提出现代的世界体系分析一样适用在古代甚至中世纪，所以现代的世界体系其特点也就为世界5000年体系的特点。所谓各种社会形态的划分，也就是把欧洲视为中心。所以，如果对其中个别词汇稍微修改一下或者抹去资本主义，沃勒斯坦对资本主义的世界经济以及现代的世界体系所有假设特点同样适用于古代的世界体系与中世纪。简而言之，其内容主要为世界体系的结构为"中心—边缘"的结构，存在的世界体系可以至少上溯到五千年之前，资本积累的过程是其发展的根本动力，世界体系之中存在着竞争和霸权之轮替，长度大致是经济周期五百年上升与下降的交替。可以看出，在弗兰克五千年的世界体系的进程当中，没有质的变化仅有量的积累。沃勒斯坦对于世界体系的马克思主义研究时运用的某些概念，比如资本的积累、中心—边缘结构等，弗兰克或许也代表世界体系的马克思主义理论的一种形式，五千年的世界体系反映了历史的连续性，可以称其为一种新的世界模式，并不单单是资本主义的延伸。

在世界体系的马克思主义边界问题的标准上，弗兰克指出并非沃勒斯坦所提及的必需品与大宗的商品，弗兰克指出在世界贸易体系之中，奢侈商品的贸易要比廉价的商贸更加重要。此类商品除了用于贵族的积累与消费外，同时也当作价值的储备。此类的商品也反映了社会的生产关系各方面，比如重新地对劳动的分工进行划分、积累的方式进行调整以及阶级关系的重构。在这个基础之上，弗兰克还进一步地提出了若加入同一个世界体系就要符合以下几个标准，例如持久且广泛的贸易的联系，同特定民族与地区之间持续、反复的政治关系，拥有同一个经济、政治及文化的周期。

按照这样的标准，弗兰克把世界体系回溯到了青铜时期。正是由于对世界体系的边界定义标准有所不同，沃勒斯坦与弗兰克世界体系的马克思主义理论在时间与空间上存在着质的差别。

弗兰克五千年的世界体系观点的提出为世界体系理论不断演进之结果，也是很多理论的融合及扩展。弗兰克认为也许不同世界体系开始与结束只是标志着同一个世界体系之升降，这一认识便使弗兰克转变成对五千年世界体系的研究。

5.3.2 关于世界体系的主要结构的差异性认识

由于对世界体系界定的标准有所不同，五百年的世界体系与五千年的世界体系在其结构方面确实有很大的不同。沃勒斯坦主张不同地带存在着明显的依附关系；弗兰克认为不同地带依附的关系并不是很明显。因此，现代的世界体系中心—半边缘—边缘的结构对于 5000 年的世界体系显然不适合。弗兰克对沃勒斯坦中心—边缘的结构进行了修正，提出了中心—边缘—腹地的结构。

在五千年的世界体系中心—边缘—腹地的结构当中，腹地结构不是和现代世界体系之外部地区完全等同。沃勒斯坦认为，边缘地带主要就是资本主义现代体系之外的区域；弗兰克主张腹地是指中心—边缘的地区外部，但同时又同中心—边缘的地区存在着某种联系的区域。可以说腹地存有中心和边缘地区需要的很多资源，对于中心和边缘地带利润的转移也进行了参与，与中心—边缘地带形成了互动，进而对于不同阶级和民族的变迁具有深远的意义。实际上腹地与边缘还有本质的差别，在转移利润的方面，腹地并未像边缘地带处于一种依附的地位，仍然是保有一定程度自由性。腹地并非单纯地指未被边缘化的地带，一个区域的边缘倘若同另一些区域存在体系性的关联，它便属于腹地。如果当腹地的民族成为中心区域攫取利润工具阶段，边缘化的问题便凸显出来。但是核心地带让腹地逐渐边缘化，主要取决于自然和地理环境，可以认为资源的成本和收益基本上是由地理自然决定的。如果某个地区的成本少于收益的话，就会倾向于边缘化；相反就不会被边缘化。在中心—腹地—边缘模式当中，弗兰克对于曾经出现的游牧与农耕民族进行了全面地研究。他认为游牧民族入侵，中心便会转移。

从全球世界体系构成来看，沃勒斯坦所提出的是单一的中心—边缘的结构，弗兰克五千年的世界体系则为多元的构成。现代世界体系边界虽说是用大宗的商品的贸易去界定的，但实际上为中心军事的力量能够控制的，新融入的地区往往大宗的商品贸易以及军事的力量一同起作用之结果。比如近代中国开放了很多港口以及城市，随之而来的贸易量就逐渐增加。作为边缘地带，中心的军事以及经济的力量几乎是同时地发挥其作用，世界经济与国际政治基本的准则就是由中心地带所制定的经济与政治规则。这就让所有边缘的地区均依附在一个中心的区域，这就是沃勒斯坦所提出的中心—边缘的结构就此形成。而弗兰克的五千年的世界体系指用奢侈品远程贸易去界定，这种商贸活动极有可能是远程的，某个区域凭借政治军事的力量从而实现对整个世界体系控制可能性越来越降低。五千年的世界体系能够分成很多个具有地域性质的次体系，每一个次体系通常拥有其自身的中心—边缘的结构。在每一个次体系当中，如果霸权出现的时候，霸权的国家通过武力是能够对边缘的地区产生影响的。但是每一个次体系仅仅是存在着经济的联系，却无直接军事和政治的互动，五千年的世界体系的此种结构反映出其在经济与政治上是有所差别的。在政治领域，很多霸权的国家在每个次体系当中不断起着作用，对于体系内经济的联系产生影响。在经济方面，不同的区域积极参与国际的分工，进行着经济的往来，通过对货币与商品流向的分析能够判断出不同区域间中心与边缘之间的关系。所以可以看出现代的世界体系属于单极结构，而五千年的世界体系的结构为多元。

5.3.3　关于世界体系的主要周期节奏的不同看法

周期节奏与长期趋势反映出现代世界体系具有动态的性质，其中的周期包含了康德拉季耶夫周期与特长周期。与沃勒斯坦相比较而言，弗兰克对世界体系周期更为关注，五千年的世界体系动态性主要表现在五百年的周期交替。

按照弗兰克的观点，最有效反映出世界体系的周期性的变迁便是沃勒斯坦提出的五百年的周期。每个完整周期均可分成上升与下降这两个阶段，各为二百五十年。除此之外，两个阶段间或许是有因果的联系，下降阶段的开始就是上升阶段的结束。也就是说，上升的时期是以下降阶段作为基础的。倘若事实就是如此的话，全球体系是永远不会衰落的，会永续地发展下去。在上升的时期，若干霸权的地区和国家在全球体系之中同时进行扩张，投资的高水平对于区域间以及内部贸易的往来起着推动的作用，这种贸易的往来基本上是由全球体系长阶段贸易往来发挥作用的，整个世界体系主要的表现就是扩张，经济不断地趋向繁荣；而在下降的时期，很多分散霸权便会出现，贸易往来水平降低是因为缺少基本的投资，远程的贸易受到削减与破坏，很多区域经济衰退、政治上出现了分裂，整个世界体系出现了衰落。虽然弗兰克提出世界体系周期能够追溯其公元前的三千年抑或更早的时间，但其实起初只研究公元前一千多年中的八个周期。弗兰克后来对世界体系的周期做了不断地修正，归纳了 11 个周期使其延展到了公元前三千年。

与沃勒斯坦的世界体系的周期进行比照，优势就在于解释了 1500 年之前欧亚大陆的世界历史整体性的变迁，也就是欧亚大陆的不同国家并不是孤立静止的社会的系统，而是一个互动的联系；但同时也存在着明显的一个缺点，现代世界体系周期节奏与长期趋势之间推动着资本主义的体系逐渐终结，并且五千年的世界体系其实是一个无质变之系统，人们无法依据其逻辑去推导它的终结之可能。弗兰克五千年的世界体系的周期在很大的程度上获得一批研究者的认同，这也就意味五千年的世界体系的周期对于世界历史变迁所具有的解释力。

5.3.4 全球资本主义体系扩张内原动力问题

沃勒斯坦对资本主义 16 世纪以来历史发展进行分析，他总结了世界体系基本的发展规律，那就是长期的趋势与周期的规律。周期问题可以认为是总需求和总供给内在的矛盾引起的。沃勒斯坦继承了长波理论，世界体系每个周期为 50 年左右，每个周期停顿时期均为世界体系生产的格局重新组合奠定了动力与机遇，并且为下个周期做了扩张的前提，周期性为世界体系地不断发展提供了强大的动力。

沃勒斯坦认为资本主义的世界经济体系创立之后逐渐地进行扩张，直到遍布了世界的范围，基本上每个国家都参与了这个发展进程。正是基于此，沃勒斯坦通常所说的世界体系也就是指资本主义的全球经济体系。在沃勒斯坦看来，世界体系大体上由两部分构成的：一个方面，资本主义的世界经济体是建立在劳动者全球范围的分工基础上的。在此种劳动分工之下，世界经济之中的不同地带实际扮演着相应地经济角色，形成了有所差别的阶级的结构，所以产生了各不相同的生产形式，从全球经济的体系之中获得的利润自然也不会相同。另一个方面，独立的国家及其国家的体系创建，是资本主义的世界体系同以往所不同的非常必要的标志。沃勒斯坦主张，随着资本主义体系在全球范围内扩张，16 世纪形成于欧洲资本主义的世界体系称得上一种独特的现象，此种独特的现象经由意识形态与社会科学使其逐步地流行起来，而且在此进程之中逐渐异化成为一个维护其核心利益的工具，其本质就是推行中心地带国家发展模式，使其成为普遍化，最终将会使世界的文明产生冲突。

阿瑞吉把资本的积累视为全球资本主义的体系扩张之源泉，而金融的扩张又成为全球资本主义的体系扩张之动力，这也符合马克思的理论逻辑。马克思指出，资本的目的就是不断地赚钱，这是资本主义对工人阶级不断剥削剩余价值内在的驱动力。所以阿瑞吉认为，马克思对于资本一般的公式能够被认为不单单对单个的资本主义的投资进行了描述，同时还对全球历史重复出现的格局进行了描述，此种格局的主要方面就是金融的扩张与物质的扩张时期互相更替。可以这样认为，全球资本主义的扩张所呈现出的体系不断扩张的特点，根本原因就是资本，主要由于资本的投资是以获取利润作为目的，假如某个行业比另外的行业获得利润多，相应地，资本便会自动地转移到那个能够获取利润的行业。正如阿瑞吉所认为，在周期的初始阶段，物质的扩张可以说是一个相对盈利的行业，物质的扩张实际上也就是生产的扩张，生产的扩张需要资本进行集中，推动了金融资本的扩张，这其实吸引了大量闲置的资本把饱和的物质的扩张逐渐转向了金融方面；此时，金融资本扩张的时期就开始了，伴随着大量的闲置的资本不断涌入，金融快速地扩张，推动了全球资本主义的扩张的周期进入最后的时期。事实上，阿瑞吉把资本的积累视为全球资本主义的体系扩张之源泉。

阿瑞吉主张金融的扩张为全球资本主义的体系扩张内部动力，霸权基本上源于这种扩张体系的需求，倘若没有资本的扩张，霸权也就没有产生的可能。阿瑞吉强调了在全部资本主义的阶段，金融资本的扩张其实反映出全球规模之积累已经是由一个体制转变为另外一个体制。它们实际上是摧毁旧的体制、创建新的体制的相互关联。从 20 世纪 70 年代以后金融资本的扩张及全球资本主义的体系扩张之间关系去看，金融的扩张为全球资本主义的体系扩张之动力，所以说，金融的危机就是全球资本主义的体系最为广泛且深刻的危机。所以不论是体系的扩张还是霸权的转移，都是由金融系统的扩张决定的。

按照弗兰克的观点，世界体系发展的动力便是资本霸权与资本积累，而这并非资本主义扩张体系所独有的动力源。阿瑞吉主张，资本主义扩张体系的内动力为金融的扩张，霸权主要基于其扩张体系的需求，倘若金融的扩张不存在，是不可能产生霸权的。他还着重地强调，在整个的资本主义阶段，金融的扩张显示了资本的累积已经是从一个体制转变成另一个体制。布罗代尔在创建世界体系的分析之后，在沃勒斯坦积极努力之下不断发展成一个具有非常广泛学术影响的探究范式，并且还有弗兰克与阿瑞吉等研究者进行积极的探索，世界体系的分析体现在社会、经济、历史等各方面。在这之中，阿瑞吉有关世界体系的分析主要侧重于经济方面的世界体系的研究模式。他们对于中国以及其在全球历史地位是持肯定的态度，但是，不论是对当代的中国还是古代的中国，二者分析基本上都是在围绕着经济的方面。他们一方面明确地肯定中国早在 18 世纪以前就是世界上经济比较强大的国家，这在当时的美洲与欧洲均是无法达到之成就；另一个方面他们对于当今中国之迅猛发展也是非常肯定的，尤其是中国所取得的巨大经济的成功。但有所差异的是，弗兰克在后来比较明确地对中国古代的纳贡体系进行了肯定，并认为其是真正意义上的世界体系，并且还断言了世界体系的发展将会回归到中国为核心的国际体系，阿瑞吉在以斯密市场经济的理论启发之下终于得出同弗兰克几乎一样的论断。阿瑞吉与弗兰克在对世界的资本主义进行研究的时候，均是把广大的发展中国家与地区之经济发展落后问题作为起点，揭示出了发达的资本主义国家是如何攫取发展中国家与地区的剩余价值的。虽然如此，但其实二者的落脚点其实还是不一样的，弗兰克研究落脚点主要是拉丁美洲不发达的经济形态，而阿瑞吉研究的落脚点主要是亚洲与非洲不发达的经济形态。弗兰克与阿瑞吉在对于世界的资本主义周期问题上其侧重点也是存在差异的，弗兰克倾向于对资本主义的霸权的周期进行研究，而阿瑞吉倾向于对国际资本主义的金融霸权与金融周期进行研究。总而言之，由于主要对世界体系进行经济学方面的分析，所以阿瑞吉主要探索了金融的资本扩张，考察了全球资本主义体系的扩张之中的资本的累积、市场、分工、竞争与竞争力等许多方面之变化的特点以及相互之间的关系，试图对国际资本主义的体系扩张之规律性进行探求，揭示出了世界历史的未来发展趋向，这也是其理论本质所在。

第 6 章　世界体系的
马克思主义理论的总体评析

　　本章对世界体系的马克思主义理论进行了总体评价。论文分析了其理论价值和理论局限性。世界体系的马克思主义的理论价值在于：第一，世界体系的马克思主义其理论深化了对当代西方资本主义的理论批评。沃勒斯坦曾认为："就我或者就任何人而言，这样的寻求不仅为学术性的还是政治性的——我一直认为这样寻求的政治性与学术性是同时存在的，不会是单独存在的。"阿瑞吉主张，马克思的资本主义的经济危机基本针对的是物质的扩张，理论主要是生产过剩的危机，从表面看来，此种理论在当代的经济危机前似乎已经没有解释力了，但是从实际的情况去看，马克思危机的理论主要建立于马克思资本一般公式基础上，这就使马克思危机理论不但要对物质的扩张进行探讨，并且还需要对金融的扩张进行探讨；弗兰克认为，西方的资本主义国家竭尽全力地神化与美化西方的道路与价值观念，且明显地把世界范围的依附性的积累说与两极分化认为是理所当然，把不公平的交易与资本主义的霸权行径看成是保护世界民主与和平秩序，这是十分荒谬的。第二，世界体系的马克思主义修正和创新性构建了西方社会科学方法论，突破了西方主流社会科学方法论里面的欧洲中心主义分析视域。沃勒斯坦解析了 1945 年之后西方社会科学的各种不同境遇的时候谈过，社会科学产生于现代世界体系，并且还是以欧洲作为中心；修改了西方主流社会科学探究方式里面的普遍主义。第三，世界体系的马克思主义整合了西方各种社会科学理论资源。如现代化理论、依附理论、年鉴学派以及康德拉季耶夫周期理论。本章也分析了世界体系的马克思主义的局限性。世界体系的马克思主义的理论局限性主要表现三个方面：第一，没有最终突破狭隘的欧洲中心主义窠臼，虽然沃勒斯坦世界体系的马克思主义理论吸收与借鉴了马克思的基本观点与方法，对于资本主义不平等的现状与制度展开了有力地批判，尤其是对欧洲中心主义进行了全面地批判，为研究欧洲问题提出一个具有革命性质的框架。但是由于其对于马克思的世界历史的整体性理解产生偏差以及对现代化进程的片面化认识，将现代化和资本主义化等同，现代性和资本主义性进行等同，最终使现代的世界体系生成与发展依然是依照中心国家当中的资产阶级愿望去塑造。第二，历史观中的虚无主义与消极悲观主义，因其忽略了有关社会主义的生产方式创建基础的了解，最后导致了关于将来社会主义世界秩序的规划上面很大程度上不遵守真实，抽象虚无好似海市蜃楼，并且再次陷进历史虚无主义的窘况；第三，世界体系的马克思主义具有模糊的乌托邦理论特质，过分地强调了世界体系的链条相同性，忽略了此链条当中薄弱的环节，进而在某种程度中忽视了列宁一国建成社会主义之思想，这极有可能把世界各国的劳动人民重新抛入新乌托邦的幻想之中。从总体上来看，以沃勒斯坦为代表所创建的世界体系理论以其独特之视角，对于马克思世界历史理论展开了深刻地论述，世界体系的马克思主义理论预示着社会发展的理论学说进入一个全新时期。沃勒斯坦创建的世界体系理论宏伟的框架、博大精深的理论，阿瑞吉关于中国崛起的理论，以及弗兰克 5000 年世界体系理论均吸引了很多理论学家的重视。

6.1 世界体系的马克思主义的理论价值

总的来说，在当今西方社会科学的探究里面，世界体系分析达到了以往所不可能的很多突破。（1）它让我们可以新的方式阐释了很多原来的争论并且还可以搜集到各样的新的与重要的资料，有利于我们更容易地了解当代的实际；（2）它不但阐释了有关当今世界体系建设方面的历史选择，还阐释了我们在将来胜利建成的时候要面对的选择；（3）它让我们将牵涉到更广的实际的问题，然而这些实际的问题最后也许将融合在一块。（4）它可以让我照着我自己看来相对较有益于大家抉择的政治与道德的形式，实际社会给出自我看来很合理地阐释；（5）它可以让我区分永恒的结构与常被具体为各样盛行理论的短时表述的不同。详细地来说，其理论价值体现在几个方面：深化了对当代西方资本主义的理论批评，一体化与全球化完全是让资本主义经济制度普遍化、全球化、世界化，无视地区间与国家间的不同发展，无视地区与国家的特色的发展要求，然而中心地方部分发达国家借用这样的制度化的合法性进行着不公平的交换，肆意夺取发展中国家的剩余价值；修正和创新性构建了西方社会科学方法论，突破了西方主流社会科学方法论里面的欧洲中心主义分析视域，修改了西方主流社会科学探究方式里面的普遍主义，修改了关于主流西方社会科学的文明论的思维模式；整合了西方的各种社会科学理论资源，比如现代化的理论、依附理论、年鉴学派以及康德拉季耶夫周期理论。

6.1.1 深化了对当代西方资本主义的理论批评

沃勒斯坦曾认为："就我或者就任何人而言，这样的寻求不仅为学术性的还是政治性的——我一直认为这样寻求的政治性与学术性是同时存在的，不会是单独存在的。这个所谓的这样的寻求应指当代实际的所有阐释都应该为政治性和学术性的整体结合，也就是多方面的掌握资本主义的演绎进化特点与规律问题。"以此可以知道，它还囊括描绘资本主义状况与给资本主义验证的理论，也就是社会科学的理论状态。阿瑞吉主张，马克思资本主义的经济危机基本针对的是物质的扩张，理论主要是生产过剩的危机，从表面看来，此种理论在当代的经济危机前似乎已经没有解释力了，但是从实际的情况去看，马克思危机的理论主要建立于马克思资本一般公式基础上，这就使马克思危机理论不但要对物质的扩张进行探讨，并且还需要对金融的扩张进行探讨。弗兰克认为西方的资本主义国家竭尽全力地神化与美化西方的道路与价值观念，且明显地把世界范围的依附性的积累说与两极分化认为是理所当然，把不公平的交易与资本主义的霸权行径看成是保护世界民主与和平秩序，并把第三世界发展中的国家沦落成依附性的发展看成为世界一体化的实现，把武装侵犯一个主权的国家看成为保卫人权，等等，这些充分体现了西方道路与它的核心价值观念的反动、虚伪、丑恶的实质性的一面。

比较多的学者认为，16世纪，资本主义兴起，然而如今它已是一个巨大与繁杂的世界体系。资本主义的早期发展，同时伴有新的航行路线与新的大陆被发现极其成功的麦哲伦环球航行与印度次大陆上落脚的东印度公司，加快了朝西欧以外的地方扩张，很好地构建了初期的国际市场，为迅速地形成资本的原始积累供应了条件，进而促进了资本主义工业化的发展；19世纪中叶，由于社会化大机器生产的迅速发展，资本主义经济的世界霸主位置得到了确定。沃勒斯坦指出，《资本论》也就是用这个时期的资本主义社会作为主体的探究对象，留给了后人典型性的理论解释、批判、解析。在1870年后，资本主义社会迈入了垄断资本主义阶段，垄断资产阶级通过生产的工业化与军事的方法拓宽了广阔的国外垄断的市场，给之后的生产原料的夺取、工业产品的倾销以及高额垄断利润的获得提供了实际的条件。沃勒斯坦看来，马克思主义研究的学术界指出，作为这个阶段的资本主义极有威信理论解析的是列宁著作的《帝国主义论》，此著作还是马克思主义的继承与发展。在20世纪50年代之后，资本主义社会的垄断资本主义不是实现了列宁说过的毁灭，而是从私人资本主义转变为了国家垄断资本主义，当时世界资本主义的经济核心从西欧转换成了北美地区，呈现了美国领导世界经济为核心的新的世界局面，从此确定了美国的国际霸主位置。美国为预防资本主义世界经济体间的内损，着手资本主义的国家构建了市场体系的一体化，此行为极大地稳固了美国的霸主位置，同样也确保了世界资本主义经济体稳定地迈入了不同以往的发展阶段。然而，现今的资本主义的发展没有顺风顺水，尽管整个来看稳定有秩序，但是局部又有动荡不安，特别是资本主义经济体结构性危险还依然存在。沃勒斯坦指出，恰好这个阶段世界体系理论对资本主义发展与发展趋势给出了不错的解析，发展了古典马克思主义对资本主义批评理论。由整体来看，以下的两点内容很好地展现了世界体系解析的理论优点：

第一，世界化的资本主义制度。第二次世界大战以后，国际社会构建了体系的世界性组织机构，例如世界贸易组织、世界货币基金组织、世界银行、联合国等，资本主义国家通过这些组织来经营国际领域的事情。基本上这些机构是建立在资本主义世界体系的准则、制度与原则上，所以这些机构组织就成为当代资本主义进步的重要能源。之外，资本主义国家还提高了法律的建设工作，一统了制度化的口径与要求，迅速提高了世界经济一体化与全球化的活动，进而有效地保证了当代资本主义世界经济及其科技快速地发展、社会生产力的质的超越、社会结构的深层次变化。世界体系解析的领域内，所说的世界经济的一体化与全球化在一定力度上都为资本主义制度世界化的实践项目，它通过系列制度的规则性构建，掌控第三世界地方与国家，让落后的国家与地方完全依赖于中心区域的发达国家。此种制度在世界化的发展方面，一体化与全球化促进了一切国家与地域全部融合进了国际经济体系里面，遵守一个系统的规则、标准、制度，这个过程也被誉为接近国际水平的美誉。实际上，一体化与全球化完全是让资本主义经济制度普遍化、全球化、世界化，无视地区间与国家间的不同发展，无视地区与国家的特色的发展要求，然而中心地方少部分发达国家借用这样的制度化的合法性进行着不公平地交换，肆意夺取发展中国家的剩余价值。由此可见，如此的一体化与全球化的进程给第三世界国家与地区的发展到底可以带来多少好处值得质疑。所以，当代世界体系制度化的过程里面，国际不平等的发展不仅没有消失，反而加强了，当今国家间贫富差距愈来愈加重的深层次源头就是一体化与全球化。

第二，在20世纪的时候，反体系运动的事情。所说的反体系是指资本主义世界体系里面的不公平、公正进行的抗争。世界体系解析的领域里面，世界化的不公平、公正的资本主义制度，在一定程度上直接致使在20世纪的时候频频发生了反体系的活动，不管在1968年的革命，还是在20世纪的共产主义活动，目的都在于损坏资本主义制度的国际化，追寻多种多样的世界制度。在名义上，世界化的资本主义制度就是建设自由市场与自由贸易，然而实际上是要达到中心区域资本主义经济掌控边缘区域与半边缘区域的社会经济生活，这样就形成了内在的制度里面的冲撞与制度之间的冲撞，也就是边缘区域与国家抵制中心区域的国家的侵略、掠夺与掌控，导致世界体系里面的矛盾冲突。大家生活在资本主义世界体系里面，尽管这个世界体系很不公平、公正，但是扩大了世界生产，进而让世界体系的主要受益者们掌控很大的经济实力。可以这样认为，那部分受益者则希望保持原来体系不变化；那些受益者需要花很大的力量去保持原状。尽管世界化的当代资本主义制度在一定的程度上有益于国际的发展、和平，但是它确实又会诱发了国际领域里面文化、政治、经济、社会等各方面的冲撞，实际上也是这样。由朝鲜战争、越南战争至20世纪70年代时候的禁运石油、资源危机，直至80年代时候的债务危险与核危险及其生态环境的危险、政治信任的危险，然后再至90年代之后的美国的金融危险、恐怖主义与单边主义霸权等，似乎每一个危险都来自世界化的资本主义制度。比如俄国的十月革命、中国的民主主义革命、古巴的革命、拉美的革命、非洲的革命等马克思主义模式与社会主义模式的革命，完全来自抵抗世界化的资本主义制度与霸权的资本主义经济的世界范围领域的扩大。这些反体系活动的革命作用不是所引发的政治革命，同样也不是发表的新思想，它主要在于揭开了意识领域的面纱，让人们开始质疑意识形态，让人们渐渐地对资本主义制度的信仰产生了不稳。在20世纪90年代初的时候，苏联解体，西方人一般看来，这是世界化的资本主义制度的胜利，被认为是由自由主义为基石的世界化的资本主义制度战胜了由马克思主义为基石的世界化的苏联社会主义制度。然而，东欧剧变、苏联解体并不能表明共产主义制度的失败，更不能体现自由主义制度得到了胜利，主要是根本没有出现过真正的共产主义制度，就谈不上失败。假设说是失败的话，那也只能说是一种反体系活动的失败。如今要做的就是把管理正在流行的世界体系的所有责任给其获益者留着、凝聚精神在不同的地域与全球施行创建一个新型社会的策略，也只有这样才可以有条件在全球文明的社会里面获得葛兰西式的主导位置，进而才有时机取得否定那些万变保不变的人的抗争，这样才可以建立一个实际的由集体建立的取代系统。

6.1.2 修正和创新性构建了西方社会科学方法论

如今，我们开始在西方社会科学与研究手段的抗争上。沃勒斯坦认为：世界体系解析成为社会科学里面准确界定的世界从 20 世纪 70 年代开始，它映射的观点拥有很长久的历史，并且还是用原来的探究作为基石，它一直不会用社会学或者社会科学的一个分支来称呼。其并不认为自我是世界的社会学，跟政治社会学、小群体的社会学或城市社会学并称。作为所谓的由社会科学里面分出来的一种方式，它表现在现有的社会科学里面很大的前提的批评。这些对社会科学的很多批评恰好是世界体系解析的出现的直接动力里面的其中一个，而此种批评一般都汇集在西方社会科学探究方式的纠正上面。由整个来看，以下四点内容很好地表现在此种纠正的优点上面：

第一，突破了西方主流社会科学方法论里面的欧洲中心主义分析视域。在《欧洲中心论及其化身》的文章里面，沃勒斯坦解析了 1945 年之后西方社会科学的各种不同境遇的时候谈过，社会科学产生于现代世界体系，并且还是以欧洲作为中心。在这方面上来说，更甚至于到如今，虽然社会科学是种活动，存在于全球，但是全球的社会科学家大部分依然是欧洲人。整体的世界体系在被欧洲主导的时候，为了能解决欧洲的问题，兴起了社会科学。既然社会科学是在此锅灶里组成的，那么它在认识论与方法论、推理、选题上面完全映射了这个锅灶的不足。西方社会科学的探究手段借用特指的欧洲历史成绩阐释了欧洲如何掌控现代世界，且认为这样的历史阐释方式是其他阐释方式的原始方法。但是，此方法论与价值观念完全为欧洲中心主义，同样让它自己落入片面性与极度的傲慢和自信里面，此种不足有一部分来自它一直把 16 到 19 世纪时期在欧洲出现的东西认为是现代世界里面最好的，认为是人类有记载以来最值得自傲的东西。可是，西方社会科学的探究方式一直以来的视域较狭小，并且具有浓浓的形而上学的色调，同样在很大意义上束缚了西方社会科学本身的发展进步，同样妨碍了社会科学探究对历史与实际的对象的实质掌握。拿历史学的方式做例子，传统的探究用事件作为恒量单位，从小的视域上进行静态的解析，此种就阻碍了对事件深层次的原因与实质等内容的精确掌握，原因在于此类东西要很长时间或者大历史的视域里面进行动态掌控。传统的历史学手段为细节探究方式，然而新的历史学手段应该改向过程探究的方法上。这需要人们对探究方式开展一项重要改革，也就是社会科学细节探究方法需要变化，创建长时段与大历史的动态探究方法，此为世界体系的解析，它解决了人们多种多样的探究方法的需要。

第二，修改了西方主流社会科学探究方式里面的普遍主义。西方的社会科学探究崇尚的是普遍主义，确信存在一种超越时空的一般有效的方式，也就是大家经常谈到的放之四海都可以的方法。正如沃勒斯坦所解析的那样，西方欧洲社会科学完全坚决地建议普遍主义，判断由 16 世纪至 19 世纪西方欧洲出现的每个地方完全适合的典型模范，原因在于它类似于时间一维性的不可逆的人类进步发展的成果，或是由于它体现为解决人为阻碍完成人类的一般需求。事实上，国际上没有普遍主义的事物，也不存在遍地有用的恒久道理，所谓的普遍主义的方法论说法在实质上是不正确、不科学的。作为博士的李约瑟原来说过，社会科学的探究方式具有普遍主义的说法完全是欧洲中心主义理论的基本失误，原因在于从欧洲的文艺崛起开始之后，西方欧洲人把其科学与技术及其文化的成就毋庸置疑的看作……具有一般普遍的作用，况且以此而论，欧洲的所有完全具有一般性，即普遍性。由此可知，作为西方社会科学孪生兄弟的普遍主义和欧洲中心主义，两者完全是我们要革新的目标。因此，需求我们大家在全球建立一种全新的方法，也就是世界体系解析，在总体主义的结构下认定个体是作为不同性质存在的，进而抛弃种种华丽而缺少实在的普遍主义的方法理论和价值观念。

第三，修改了关于主流西方社会科学的文明论的思维模式。在西方社会科学的文明论看来，西方欧洲社会总被看作开化的、文明的社会，而白种人则被看作是开化的、有素养的开明的人，但是在欧美之外的其他社会状态则被看为没有文明的野蛮社会，欧美白种人之外的被认为是远离文明的野蛮人种，这些文明的论点原来是作为欧洲殖民主义的理论基石而存在的，如今则为美国的具有霸权性质的单边主义理论根基。沃勒斯坦指出，这样的文明理论里面存在的优越感不是单独而存的，它早已渗入西方社会科学创建的用来解析问题的含义里面，并且表现在那些用来权衡那些含义标准之中。由于西方优越感的存在，进而导致了困扰的出现，很多学者提倡了社会科学探究的价值观点，并且提出在为社会科学探究给某个探究的社会意义做评价的时候不允许有一切价值观念的带入。实际上，这是不存在的，原因在于不带入价值观自身其实就为一种价值的准则，并且西方文明里面本就没有纯粹的中立价值观念。因而，如果有谁提出文明价值观念的来源问题，那不管它怎样提出，又怎样做出应答，都应首次来自如今的西方世界，那么也就毋庸置疑的可以看作，这样的价值观念为以前西方世界长时间的特有的趋势的结果。作为一个不容忽略的情况为，资本主义的世界文化来自欧洲的文化，虽然它跨越了人类原有的那些文化，比如印度文化、阿拉伯文化、古希腊文化，更甚为中华的文化，可是它依然具有很明显的民族的特点与欧洲区域性，此种拿欧洲中心主义作为基石的文化非人类有历史之后最优秀、最有准则、最具有典型代表的文化，人类也不会只靠此种简单的文明迈向将来，从古至今，人类都是在多样的文化共存里面走过来的，如今人类依然需求多样的文化共存和互动。所以修改西方社会科学文化理论里面的超越感与西方中心主义，创建多样价值要求的文化系统，是契合如今世界体系发展进步的客观性诉求的。实际上，资本主义的文明可以说为一种罪恶的文明，其在以前的好几个世纪里面给人类的生活存在和发展进步在长远与总体上面产生了巨大的危险，例如生态环境的危机等。就好像沃勒斯坦所言，我看我们应该努力仔细地认清资本主义文化发展在资本主义的历史发展进程里面所形成的最终账簿，并且还要评算下积极向上的正面的事物是否真的超过消极悲观的负面的事物……整个看起来，而自我所做的最终账单是亏空的，因而我并不认可资本主义系统能说明人类的发展进步。更具体地来看，我看它作为预防此种特指类型的剥削体制的历史漫长崩溃的结局。实际上，中国、阿拉伯世界、印度和其他地域没有迈向资本主义，我看已表明他们具有较好的免疫力，然而此同样正为其历史功劳。在将来的发展过程中，人类极有机会抛弃的文明恰是资本主义的文明体系。所以世界体系解析应该把修改资本主义的文化与文化观念作为自己的任务，追寻人类共同享有的新的崛起的文明，此也许为大家所谓的生态环境的文明。

第四，修改了主流西方社会科学的发展进步理论的思维模式。在西方启蒙运动崛起的时候，进步的问题逐渐变为了社会科学探究的重要的主题之一。19世纪的阶段理论在一定程度上是针对进步问题的思索，而20世纪的社会科学文明理论同样是针对进步问题的思索。关键在于，谈到进步，好像仅有西方的社会才是其代表，换句话说，西方的社会变成了进步的代言人了。实际而言，在近现代的进步里面，西方的社会大多依靠着战争的夺取与不公平地交换而获得，然而西方的人却以进步而自称，还代替其他国家规划蓝本。明显，此种的蓝本不仅帮不了其他国家摆脱贫困走上富裕，反而愈帮忙愈贫困、愈治理愈乱象丛生。左派的理论家运用马克思的阶段理论驳斥主流西方社会科学的进步理论，尝试除掉里面的西方中心主义的问题。

沃勒斯坦指出，20 世纪原来的老左派所提的阶段理论大部分是针对西方进步理论展开的一种驳斥，此类说法常常为马克思主义的变异主张，原因是马克思在最初时就严肃地批评了欧洲的中心主义的进步理论。然而，左派所提的阶段理论关于主流西方进步理论的批评不仅带有进步的性质还具有缺陷：一面是其有效地批评了主流的西方进步理论里的西方中心主义，在其视角里面，资本主义在西方欧洲的崛起与之后扩展至涵盖整个地球是实际情况，但是并不意味着这就是典型模式的社会发展进步的形式；另一面其线性的想法巨大地减弱了左派阶段理论的阐释效果与力度，原因在于线性想法的视角里面，历史的进步为历史系统的更替或者依序产生的进程，其为一项直线形式的变动，其忽略了历史发展进步过程中的繁杂性与多种多样性。沃勒斯坦指出，永久的是变，没有变化的事物不存在。所说的变，或指前进的上升的方向，或指落后的降落的方向。由此来看，大家针对西方的社会发展进步的了解不但不可以借用主流的西方进步理论，而且也不可以借用左派所谓的阶段理论。迄今为止，资本主义已发展了 500 多年，然而并不可以表明资本主义的变化完全为进步的过程，其自身为变化的，一个生命体，其必定历经了向上、沉落进而迈向衰弱、毁灭，此为人类历史发展的规律，资本主义前期的帝国系统同样完全历经了此种的生命进程。西欧社会发生了资本主义代替封建主义，况且在好长一段时间里面其可以强势发展，变成一个涵盖整个地球的实际作用上的世界系统，这就是所谓的社会进步。但是，资本主义带有 500 多年的繁杂的历史，中间不仅具有向上同样具有下落，充斥着来回反复，所以假设认为资本主义历史为进步的，那其在历史方面怎会有那些下沉或衰弱倒退呢？沃勒斯坦解析指出，如果我们的精力由特殊指定的历史系统转向全球上人类所有的历史的时候，不会有理由假设一个线性的态势。有史以来，人类知道的历史里面，所有的此种考虑得到的都是些模糊不清晰的结果，况且表明所有的进步学说都可质疑。有关历史的变化的进步理论为合理的解析的抉择，然而主流的西方社会科学家们一直在道德的实践过程里面来阐释说明，可是此种解释都是让西方的中心主义看成进步理论的价值立足点。沃勒斯坦指出，不管在道德的实践上面，还是在学术的探究上面，人们总要合理恰当地阐释有关资本主义的世界体系的演绎进步的历史，其不为进步理论的，同样不为阶段理论的，其为一项繁杂性质的探索研究。其原因在于我们所在的现代的世界体系是首个包含整个全球的体系。

6.1.3 整合西方各种社会科学理论资源的总体性方法

沃勒斯坦曾经认为："在 1970 年，我着手编写《现代世界体系》著作的时候，我相信以下的事情是真实的，即我正准备迈入进有关什么可以作为历史上产生的事件的最有效用的争议里面。世界体系的形式就是流行的阐释模式的抗争与议论，最重要的则是否定现代论的理论。其到底结合了什么样的流行的阐释模式？我想，它结合了年鉴学派的理论、马克思主义、依附理论、西方的现代化的理论等不一样的理论资源。"

整合西方的现代化的理论资源。在 20 世纪 50 年代至 60 年代的时候，美国流行着现代化的理论，其特指美国等西方的工业发达的国家诱说广大的发展中国家挑选西方的工业化道路的一套有关理论，其仍是第二次世界大战后美国政府救助第三世界的策略基础。从狭义方面来说，现代化的理论是有关欧美的现代化的模式理论，还是西方的发展理论的重要形式。这样的现代化的理论流行在 20 世纪的 50 年代，欧美的现代化与工业化被看成典型模范、模板，甚至被认为其是扭转第三世界国家与地域贫困落后情形的万能钥匙，因而现代化这个词语广泛流传。从广义的角度上来说，现代化的理论是有关世界历史的现代化的问题的理论。在 20 世纪 60 年代中期时，联合国的"两个十年"的发展计划参考了狭义的现代化的理论，且提倡在亚非拉国家甚至全球领域内施行现代化的发展形势，进而达到世界的发展及和平。然而，广义现代化的准则、计划与细致的举措都来自狭义现代化的理论。就真实情景来看，联合国的广义的现代化措施不但没保证第三世界国家与地域达成实际的现代化，反而使这些地区的贫困落后的情形加剧了，损害了联合国的名誉；并且还加速了部分的世界性的危险，例如，大国之间的博弈、民族矛盾与种族冲撞、债务的危险、能源的危机、生态环境的加剧恶化及自然能源地不断耗竭等。从这可以明白，假设认为广义的现代化是为全球各民族的人民服务的，是恩泽整个人类的，那狭义的现代化就是为中心地区的发达的资本主义国家服务的。因而，狭义现代化的理论完全是套谎言。

沃勒斯坦指出，我们需求现代化，同样需求现代化的理论，然而不需求西方的发达国家狭义的现代化的样板与服务于它们的那套理论，我们理应再次考虑那些契合世界历史的发展进步诉求的，特别是第三世界国家与地域发展诉求的广义的现代化的道路与现代化的理论，我们理应针对联合国广义的现代化的方案与理论进行一些修改，运用世界体系解析去除里面的欧美的中心主义与西方的优越感。

第一，比较现代化的理论。美国现代化的理论家布莱克仔细认真地研究了日本、俄国与东亚的现代化，之后其提出，主流的西方现代化的理论忽略了针对不是现代化的非西方的国家历史与状况的探究，没有精确地映射出世界各个国家在现代化的进程里面的不同性，然而极大的程度上来自于主流的西方现代化的理论里面的西方中心主义。进而，布莱克主张比较现代化的理论，一面提高了针对现代化的普通的概念与它的发展动力、道路、特征的探索研究，另一面去除了传统的现代化的理论里面的西方中心主义，创建了一个拿世界作为中心的全新的现代化的理论。然而，在现代化的基本性抉择上面，布莱克的理论依然没能脱离主流的西方现代化的理论的评判准则与价值取向，所以，布莱克的理论不会产生实际的挑战针对主流的西方现代化的理论。

第二，依附理论。多斯桑托斯与阿明等学者探索研究了拉美地域与非洲的贫困落后问题以后，一面批评了在现代化的谎言之下，西方的殖民主义者实行了掠夺与抢占拉美国家与非洲；另一面批评了西方的现代化完全是项国际的不公正的计划，变非洲、拉美甚至亚洲的不发达国家为它们的势力领域与市场。然而，在现代化的抉择上面，依附理论几乎没提出什么新的东西，其在集中地批评了西方的中心主义与不公正公平的发展形式以后开始渐渐靠向马克思主义，提倡一种不是具体客观存在的解放民族运动。

第三，整编年鉴学派的理论资源。由理论上来说，年鉴学派作为科学共同体，是为与德国的兰克流派的实证主义的历史编纂学模式抗争进而提倡的。年鉴学派里一个典型的观念为：历史非事情的历史而为问题的历史，这为年鉴学派的中心理念。经费弗尔整编后印刷的布洛赫的名为《为历史辩护或历史家的技艺》的著作里面谈论了此理念以及它在历史的探索研究方法上面的改革意义，也就是其奠定了年鉴学派的长时段探索研究的思想根基。布洛赫的主体贡献被费弗尔做了以下的评判：布洛赫的有关问题的历史的理论既非一种历史手段，也非"假冒的历史哲学"，而为"在历史学范围里面针对不同种错误的思索方法与实践方法而展开的一次批评性的反思"。我们同样以为，布洛赫引批评性的反思至历史学的探索研究方法里面，进而奠基了"第一代的年鉴学派的方法论的基本的观点"。所说"批评的反思"意指"双方向的历史探索研究的方法"，也就是不仅"由以前了解现在"，还要"由现在了解以前"。事实上，布罗代尔作为年鉴学派的第二代的领导人物也就是在此种批评性地反思过程里面创建了长时段的探索研究的方法，且让问题的历史探索研究体系化。布罗代尔的《历史随笔》由"讨论历史学和其他的社会科学的关系"上主要讨论了历史学探索研究方法的变化改革的问题；其中《历史和社会科学：长时段》的文章里面直接地推动了此种变化改革的活动，建立了用构造与多维历史时间作为基石的史学探索研究的方法，也就是长时段的探索研究方法，由根本上达到了年鉴学派史学探索研究的方法的转化变型。而其他的学者则是朝着布罗代尔的那个方向不断地摸索研究下去，例如，勒高夫与诺拉为主编所写的《新史学》就在完善布罗代尔的新的史学探索研究的方法上面做了重大的贡献。

第四，整合康德拉季耶夫的周期理论的资源。前面已数次谈到此周期理论，然而完全没有翔实细致地谈论此理论和世界体系解析有什么关联。大家都知，此理论由康德拉季耶夫于 20 世纪 20 年代的时候提出来的，其作用就是主要来探索调查西方的工业革命之后资本主义经济进步发展的周期性的变化特点。康德拉季耶夫指出，资本主义"经济的活动过程为一个发展的过程，但是此种发展明显不但经过中期的波动，还会经过长期的波动"。因此，其选了西方的资本主义的经济发展历程里面18 世纪 80 年代至 20 世纪 20 年代这个阶段的部分商品的消费量与产量、进出口的数量、利率、工资与物价等主体的指标性质的因素为解析根据，研究调查资本主义的经济在此长周期里面的浮动与变化状况，其结论为资本主义的经济变动以周期性而存在的，并且还是一个繁杂的周期变动的过程。

6.2 世界体系的马克思主义的理论局限

虽然世界体系的马克思主义理论对于当代的马克思主义发展有着极其重要的作用，但是其本身仍然存在理论的困境与分裂的因素。一个方面，它认可现代性与现代化客观的存在，并将现代化和资本主义化等同起来，在此基础之上，反映了资本主义产生与发展的历史过程之客观性，从而使资本主义的历史体系具有稳定性与长期性。另一个方面，它还对反现代化左派理论之传统进行了继承，对于资本主义发展不公平性展开了深入的批判，揭露资本主义的历史体系之中面临的一些危机，并且指出了资本主义的世界体系将会为社会主义的世界体系代替这种历史的必然性。所以，在价值的层面去看，他其实站到了反对现代化之立场，从政治、经济以及文化的层面对资本主义不平等的制度进行了深入之批判，但是如果是关于经验的层面，他又会同现代化的理论进行呼应，指出了现代性其实就是资本主义性，承认其现代化的本身就为巨大的一种进步。在这样整合与分裂矛盾性的思维构架之下，沃勒斯坦对于历史体系重构之努力最后还是陷进了无法跨越之历史的困境。理论局限性主要表现在：狭隘的欧洲中心主义，并未从生产力和生产关系之间矛盾的运动规律对资本主义的世界体系进行分析，因此还不能够对资本主义历史和实质进行正确地认识；历史观中的虚无主义与消极悲观主义，因其忽略了有关社会主义的生产方式创建基础的了解，最后导致了关于将来社会主义世界秩序的规划上面很大程度上不遵守真实，抽象虚无好似海市蜃楼，并且再次陷进了历史虚无主义的窘况；模糊的乌托邦理论特质，过分地强调了世界体系的链条相同性，忽略了此链条当中薄弱的环节，进而在某种程度中忽视了列宁一国建成社会主义之思想，这极有可能把世界各国的劳动人民重新抛入新乌托邦的幻想之中。

6.2.1　狭隘的欧洲中心主义

狭隘的欧洲中心主义者不包括弗兰克，虽然沃勒斯坦世界体系的马克思主义理论在吸收与借鉴马克思主义基本的观点与方法基础之上，对于资本主义不平等的现状与制度展开了有力地批判，尤其是对欧洲中心主义进行了全面地批判，为研究欧洲问题提出一个具有革命性质的框架。但是由于其对于马克思的世界历史的整体性理解产生偏差以及对现代化的进程片面化的认识，将现代化和资本主义化等同，现代性和资本主义性进行等同，最终使现代的世界体系生成与发展依然是依照中心国家当中的资产阶级愿望去塑造。所以，他并没有跳出欧洲的中心主义之窠臼，本质上来说就是一个被蒙蔽的欧洲中心主义，依旧处在欧洲中心主义笼罩的阴影下，且最后在历史体系之构建方面陷入欧洲中心主义困境当中却不能自拔。首先，世界体系的马克思主义理论陷入结构的决定论之中。世界体系的马克思主义理论主张，世界体系所固有之发展的规律就决定每个国家于体系当中位置的变动，中心、边缘、半边缘国家之升降仅是在世界体系能够允许情形下才可能会发生，而对于特定的国家内部努力忽视了。所以，世界体系的马克思主义理论就陷入结构的决定论当中，对外部结构的因素作用进行了夸大，对于探讨国家具体的发展路径缺少内在阐释力。其次，世界体系的马克思主义理论带有经济主义的色彩，但是对文化的因素忽视了，他主张现代化也就是在资本的控制下经济之间剥削的关系之扩张。但实际上，资本化不仅包括世界范围经济的剥削、工业化以及两极分化，还包含了社会的结构、历史的传统、文化的观念以及政治的制度等很多方面必要之变迁。最后，世界体系的马克思主义理论在政治体系和经济体系互相之间的关系方面存在着认识角度的偏差。沃勒斯坦主张国家经济的地位对其政治的地位起着决定性的作用。而此种认识与现实相违背，例如苏联国家在军事与政治方面处于世界的霸主地位，但是在经济方面却未能进入到核心国家的行列。沃勒斯坦将社会主义错误地纳到了资本主义的体系之中，忽视社会主义之存在。相比以前之思想理论仅侧重于对某类型发展的问题做研究分析，世界体系的马克思主义理论是从宏观的角度考察世界整体的动态发展过程和变迁，且是在原来的中心与边缘结构基础之上，发展成为"中心—半边缘—边缘"的结构，使其成为世界体系研究主要的框架。虽然世界体系的马克思主义理论在某些问题上存在着不足，但在理论的基本观点上，以及在研究的方法与假设方面，其理论均给研究全球国家发展的问题提供了分析的范围与全新的角度。沃勒斯坦进一步提出世界体系未来发展的趋势，资本主义的世界体系在沃勒斯坦看来终将走向崩溃，将会向着多元且包容的社会主义的新秩序迈进。全球技术科学之创新不会改变世界核心以外的无产阶级化之趋向，在技术创新当中，边缘的国家是很难去改变自身地位的，因为核心国家把维持双方科技之间的差距视为很高的地位。随着核心的政府逐渐要比边缘的政府还要强大，这其实推动发展反体系的力量。在沃勒斯坦看来，边缘的国家在世界体系当中寻求发展和生存要进行选择，此种选择就是社会主义。沃勒斯坦认为，资本主义灭亡将会是世界范围的，资本主义在全球范围之内扩张最终将会是其灭亡之时间。真正社会主义则是以世界体系范围之内社会主义的生产方式逐渐形成做铺垫的，因此社会主义称得上为全球范围之事业。沃勒斯坦世界体系的马克思主义理论彰显对于人类命运之深情地关怀，在对其历史逻辑方面细致考辨当中去凸显了人的本质。但是沃勒斯坦本人并未从生产力和生产关系之间矛盾的运动规律对资本主义的世界体系进行分析，因此还不能够对资本主义历史和实质进行正确地认识。

6.2.2 历史观中的虚无主义与消极悲观主义

沃勒斯坦将历史发展动力单纯地归结在经济方面，更准确地说是归因在经济的剥削扩张关系，进而抹杀马克思主义将经济作为综合因素的基本理论。正像英国的社会学家吉登斯所认为的，沃勒斯坦对于经济方面关注的比较多，但难以对整个的民族国家及其体系之兴起做出使人们信服的阐释，他运用经济的指标去划分中心与边缘地带，并未对于军事和政治问题集中地加以解释，主要是由于这类集中并不恰巧能够与经济上之差异进行吻合。沃勒斯坦对现代的世界体系之不公平进行了强调，深刻揭示出资本主义的体系之中内在的矛盾，对于资本主义的批判是持有较为激烈的态度，从而进一步对资本主义的体系体现的历史进步意义进行了否定。实际上，沃勒斯坦对于现实的社会主义理解存在着偏颇，他对于未来世界的体系究竟如何发展一直持有着忧虑与怀疑之态度，并且倾向于怀疑论与悲观主义，最终形成了悲观消极的态度却无法走出来。

经由解析文化的窘况、政治的合法性窘况与经济的窘况，沃勒斯坦认为，世界体系的变化发展在其自身进程里面逐渐达到极限，这时需要一个更加高的生产率与更加合理的收入分配体制所取代，也就是一个社会主义的世界秩序。有关将来世界体系达成的方式与途径方面，沃勒斯坦将资本主义系统的败亡单一地归纳成自然的社会进步变化的过程，且把期盼放在了资本主义体系的自身的瓦解上，并否认了马克思的阶级斗争的理论与革命的理论。在重新构建历史体系的进程里面，鉴于撤出了无产阶级革命问题的一定的了解认识，其把期盼寄于人们采用的守旧的立场，全凭历史的抉择，人类自身没有办法掌握自己的命运。除此之外，因其忽略了有关社会主义的生产方式创建基础的了解，最后导致了关于将来社会主义世界秩序的规划上面很大程度上不遵守真实，抽象虚无好似海市蜃楼，并且再次陷进历史虚无主义的窘况。沃勒斯坦认为："国际上的大多数资本主义国家，不管由主观还是由客观方面来说，在物质方面完全没有在以前的历史系统下富有。而且，我自认为，他们关于政治领域方面不比以往。"和此种历史的悲观理论相同，在将来的系统的达成的方法方面，沃勒斯坦提倡的观点有悖于马克思的阶级斗争的理论与革命的理论，其凭空想象阶级的自动退出，而不是马克思倡导的用一个阶级站起来推翻另一个阶级的阶级革命斗争的方法。世界体系理论的基调完全在着重点出阶级自身主动退离历史舞台的方法达成革命，然而，用怎样的方法做到阶级自身主动退离的目标，世界体系理论没有就这个问题给出明晰准确的答案，实际上，沃勒斯坦自己有关这个方面充满了矛盾，虽然其努力采用多种方法论证资本主义必然会毁灭这个历史的发展趋势，然而在新的体系的建构上面，其走向了凭空想象，空想着资本主义可以自己主动解散。世界体系理论不仅无法让我们大家确信资本主义的逐渐衰落，还因为世界体系自身的矛盾性与空想性进而从另一方面论证了资本主义的稳固性。因此，沃勒斯坦感觉共产主义仅是个乌托邦，为当代的神话。此种种定论和马克思的世界历史的理论的精神实质完全是背道而驰的。一面沃勒斯坦理解的资本主义带有片面性，就好像吉登斯所批评的那个样子："沃勒斯坦的论点涵盖着一个令人厌恶的功能主义与经济的化约论的综合。"沃勒斯坦的理论里面，世界体系与资本主义是一样的，然而资本主义的系统都被抽象成单一的剥削的机器，抹除了现实社会里面的充足多样的内涵。沃勒斯坦准备创立的世界体系理论尽力要做到包含所有领域。然而，事实上世界体系理论放弃了许多重要的社会内涵，因为它这个极大地不足，致使原来看起来涵盖万千的世界体系理论的内部出现了残缺，这成为世界体系理论的重要矛盾。另一面为历史的悲观主义、怀疑论。沃勒斯坦还是认可了资本主义变化发展的历史的必然趋势。正由于此番认识最后将其导向了悲观主义和矛盾的理论窘况。沃勒斯坦针对已有的资本主义体系极其不满意，其试图建构一个全新的、更加具有高结合性与包含所有的世界理论体系。但是，沃勒斯坦所主张的世界体系理论由于他对将来体系前途的质疑，导致他否决了现有的资本主义体系之后并没有创新。试图凌驾现有的理论之上的目的最后失败。由以上所述可知，马克思的世界的历史理论在西方的理论领域引起了极大的响应，然而因思想论点与立场的不一样，他们都无法全面客观且科学地继承与发扬马克思世界的历史理论，针对其的了解与认识同样有着不一样的差异，所以完全不能达到马克思思想那样的程度。

6.2.3 模糊的乌托邦理论特质

世界体系的资本主义结构是边缘地带不平等交换以及国家落后最主要的原因，并且提出资本主义的世界体系并非永恒不变，边缘的国家与地区选择了社会主义的道路也是合理的。世界体系的马克思主义理论吸收马克思相关的一些研究方法，揭示出全球资本主义整体趋势和发展的规律。世界体系的马克思主义理论还运用了马克思有关于资本累积之学说理论，阐述资本主义的世界经济体系产生、形成以及发展全过程，指出其不平等的交换存在于资本主义的世界体系发展进程之中。世界体系的马克思主义理论研究运用马克思所提出的经济基础同上层建筑之间辩证统一的原理去对世界的政治体系进行分析说明。同时将社会主义看作世界具有历史性质的事业等认识，都同马克思世界的历史理论存在着较为紧密的关联。虽然他们对社会主义将取代资本主义这个总体趋势进行了肯定，但是对于人类未来共产主义的前景的认识却是语焉不详且闪烁其词，一切都有可能，但又并不是确定的，这种理念以及蕴含的不可知、不坚定性的因素，在某种程度上可以说削弱了立论之力量。在方法论问题上也相应地存在着偏颇，对于矛盾之特殊性其实重视程度还是欠缺。虽然其积极地主张未来发展的趋向主要取决于人们，一切皆掌握在人们自己的手中，但是在论述资本主义如何过渡到社会主义，却过分地强调了世界体系的链条相同性，忽略了此链条当中薄弱的环节，进而在某种程度中忽视了列宁一国建成社会主义之思想，这极有可能把世界各国的劳动人民重新抛入新乌托邦的幻想之中。西方的研究者将世界体系的马克思主义理论视为马克思主义理论之分支，世界体系的马克思主义理论确实也囊括许多有关于马克思主义理论。

虽然沃勒斯坦创立的世界体系理论存有一定程度的局限性，但其实最为必要的便是把握理论深层次的积极启迪以及理论价值。作为当代世界体系的马克思主义理论，此理论对马克思的世界历史学说从整体性的角度进行了拓展，为世界历史发展的进一步探索提供更为广阔的全球视域，对于更深层次地理解与认识马克思主义是有很有帮助的。此理论运用内外因结合之视角去讨论了当代社会的发展问题，把马克思主义同世界体系的分析范式紧密结合在一起，为马克思主义之发展提供新的活力与生机，表现出马克思主义理论极强的生命力，为以后研究马克思主义的学者提供了更为宽广的理论空间。与此相应，沃勒斯坦表明了反对现代化立场之上，且重新解读现代化多元的理论模式，对于自由主义的核心权威进行了有力的抨击，为全面地理解现代化的发展提供非常必要的思想支撑。此理论不断地对马克思主义理论时代的精神与当代的价值进行彰显，不但使全球化的背景下进行深入探讨关于广大第三世界国家同世界间历史发展提供必要之借鉴，同时也给广大发展中国家抓住重大的战略机遇期且积极探寻适合于本身特色社会主义的现代化之模式提供参照。

6.2.4 结论

世界体系的马克思主义作为西方社会一股有着浓厚的左翼倾向的思潮，其理论向人们显示了人类对资本主义的世界体系、赢得世界的和谐、缓解南北之矛盾这一比较可行的理想的状态与未来的前景，世界体系的马克思主义在某种意义上改变了欧洲国家学术政治的版图。在之前，西方国家关于国际政治的理论基本上都是把聚焦点均投入在发达的欧美国家与苏联集团相互之间的之对抗以及结果上，而世界体系的马克思主义把研究的主要内容投向自冷战时期便不被重视的南北的关系上去，进而引发人们对于南北方之间对差距与对立方面的高度重视。英国杰出理论学家杰弗里·帕克认为，世界体系的马克思主义运用了马克思主义的理念去理解当代世界的政治经济发展，这其实具有划时代的意义，这个理论对于重新地定位地理政治学理论显得非常重要。无论人们是否能够接受世界体系的马克思主义的观点与结论，毋庸置疑的就是，此理论以其独特的方法论为人们对未来的展望开辟了全新的视角。新自由主义可以说是现代发达国家霸权的意识形态，世界体系的马克思主义尤其对自由主义进行了批判，这其实为人们进一步对资本主义的世界体系进行批判提供了有力的思想武器。新自由主义宣扬了资本主义的胜利，贬斥社会主义与共产主义为乌托邦，但实际上，新自由主义本身对全球化的推动是以功能主义之方式反映出马克思所提及的资本主义的普适化之更为本质的趋向。马克思其实早在《资本论》当中提及追求剩余价值最大化就是资本之本质，资本总是打着全球化这一幌子在全球的范围内不断地追逐剩余价值。可以这样说，资本扩张到了哪里，就会把剥削和掠夺延伸到该地方。倘若马克思主义的学说理论基本上是发生在一国的范围内，那么世界体系的马克思主义继承了马克思主义基本的理论前提下，把这些理论学说的内容扩展且深化为具有世界意义的一种历史性制度，可以说这个制度本身的发展不但包含了不发达国家与地区，并且是以这些不发达的国家与地区作为研究前提的，所以，它们不但存在普世的价值，同时也具有革命的性质。在冷战结束以后，摆在人们眼前的就是南北差距不断地加剧，在经济全球化的大历史背景下，世界体系的马克思主义理论能够为人们提供其解释、分析以及预测未来全新的理论与概念的范式。由此可见，世界体系的马克思主义理论打破了西方的主流思想研究范式，从大规模、总体性、长时段的视角揭示出了资本主义发展的规律以及本质的特征。

　　资本主义的全球化在当今世界是一种普遍的现象，资本主义之矛盾正以一种新的全球范围内裂变积累的形态表现了出来。随着资本主义全球化不断地推进，马克思对于资本主义的替代物就是共产主义这一著名之论断就会更加明显地反映出来。能够看出，资本主义的发展达到顶峰的时候，社会主义或共产主义就会随之而来，换句话也就是说，全球的资本主义爆发大危机的时候，全球的社会主义就会获得全面的胜利，这其实是同一过程之两个方面。并且，社会主义的全球化有朝一日替代资本主义全球化的时候，才能把资本主义的全球化给导致人类带来的危机进行解决与克服，而世界体系的马克思主义为反对资本主义的世界体系提出了具体的方案。为了能够对历史进行重建，建设一个持续且均衡，真正地对全人类有益的全球化，为了能够赢取较为合理且公正的全球性的社会，的确需要我们拿出敢于对历史进行超越的勇气以及非凡的理性。现代性的世界体系使国际间平等严重地受到了限制，主要是以中心—边缘为特征的依附的关系，这严重地制约了国际间的公平，面对这种资本主义的五百年的历史体系所面临的世界格局的演变，沃勒斯坦提出，人们需要追本溯源、积极面对，换句话说人们需要提出对世界体系重构的有效方案，这是一项非常重大的使命，至少要花上半个世纪的时间才能够实现。虽然某一国的重建是必要的，但其是一种全球范围性的事业，不可能在某一个国家或地区单独地实现，它其实确实需要发掘人们充分的想象力，但其实是可行的。

　　马克思主义的世界体系理论的全球的历史视角，对马克思相关思想理论不断证实其强大的生命力。沃勒斯坦不但对马克思理论进行了继承，而且还借鉴了年鉴学派关于宏观的分析优势，对近现代的世界体系也进行了整体性地探索，提出了非常具有说服力的阐释，显示了马克思主义关于对社会的模式构筑的威力。此理论不但丰富了马克思主义理论认识与体悟，对于现代的世界体系的考察也开拓了人们的视野。同以前的资本主义的世界体系相对比，现代的资本主义的世界体系已经发生诸多巨大之变化，如何能够用马克思的理论作为导向，正确全面地对现代世界体系发展之问题进行考量，世界体系的马克思主义理论在这个方面的确给人们带来了很多值得进行吸收与批判的东西，提出的这些非常值得人们认真研究之问题，这有利于启迪人们在全新历史背景下发展并坚持马克思主义理论。马克思历史唯物主义理论关于实事求是地把握事物的态度是值得资本主义学习的，可以说，在对现代的资本主义的世界体系与全球体系进行研究的时候，沃勒斯坦世界体系的马克思主义理论为人们提供了有价值的参考模式，也就是马克思主义可以说是一个开放之思想体系，而并不是一成不变的范本，人们可以经由不同之角度马克思主义进行解读，从而解释其当代的国际发展之新景象。这不仅是对马克思主义理论之回归，同时还是马克思主义强大生命力在现代世界之体现。如今的中国取得的胜利发展变化，并不是传统的中国的计划经济的成功，也不为现代的西方新的自由主义的成功，然而是当代的中国人把西方的发达国家的发展进步经验创新性的应用在发挥本身资源优点上面进而获取的历史性的成绩。由实质上来说，如今的中国胜利的发展变化表现了当代的中国人探寻到了一条符合中国实际国情诉求的发展的路线。明显地，当代的中国所走的道路为带有中国特色的社会主义的现代化发展道路，既不是推行新的自由主义的现代化的范式，也不为传统的中国所走路线的崛起，带有有效性与进步性、融合性与独特性、创新性与继承性等特点。当代的中国发展道路涵盖以下几个方面：一是坚持不懈地走社会主义的道路；二是坚持不懈地由中国的实际国情为出发点；三是坚持不懈地改革开放与发展社会主义的市场经济；四是坚持不懈地以人为本的科学发展观；五是坚持不懈地走和平发展、互惠互利、互利共赢。就阿瑞吉的话而言，当代的中国所走路线具有中国的特色，与西方的发达国家的新的自由主义的发展路线是不一样的，尽管它们把眼光都放在了市场经济的建设上面，然而中国所走的市场经济不但为实际的市场经济而且还与西方的市场经济远远地不一样，原因在于前者于基本特点上面体现的是国家的市场经济的特点，然而后者为赤裸的自由竞争的市场经济。

大家都知道，实际意义上的市场经济不会是像西方的发达国家所推崇与倡导的那样的自由竞争的市场经济。西方的市场经济宣扬公平的交换准则与自由竞争，实际上在看似公正平等的规则下进行不公正平等的交换事实；其宣扬资源的优化配置，实际上最大限度地破坏了与浪费了资源，正是这样，如今的生态环境的问题与气候的问题可以认为其主要来自西方的市场经济；它宣扬高效率、高速度，实际为经济危机的不断发生与依附性累积的迅速提高。因而，真实意义上的市场经济理应与它背道而驰，应该为在国家政府机构有用的合理管理之下的有秩序的运转的市场经济，仅有此种的市场经济才可以很好地有效地配置市场资源，去除经济危机的潜在的威胁，一个是保证社会里面经济生活的安全，另一个是推进市场的资源能达到实际意义上的优化配置，可以让其发挥出来最大的效果，用于社会的经济生活的不断发展进步。换句话来说，如今中国所走的道路和西方的发达国家新的自由主义现代化的道路是根本不一样的。

不发达国家与民族可以经由科学合理的改革开放与市场经济的发展进步可以达到自我的崛起。就改革开放来说，一定要照着自己国家的国情，根据自己的能力来进行改革开放，循序渐进。然而，拿市场经济来说，要创造性地建立符合自己国家实际国情的具有地方性特色的市场经济，不可以照抄照搬西方的市场经济发展的方式。中国的改革开始于农村的经济改革，之后渐渐转向了城市改革，由农村体制改革渐渐地转向了工业、商业经济体制与各方面体制的改革。主要的问题是，此种改革以社会可承受的程度作为改革力度是否适合的临界线，进而将稳定、改革、发展三方面辩证地统一在一起，坚持不懈地在改革里面发现产生的问题、解决产生的问题、总结所得经验、推广已得科学合理的经验，坚持统筹兼顾、大胆地实验、稳步地进行推进，一切的这些完全地保证了中国的政府可以从容不迫地革新原来僵化状态的计划经济体制，成功地创建出以公有制为主体，多种所有制经济共同发展的新型的社会主义市场经济体制。

阿瑞吉实际上认为未来世界体系的核心可能为东亚或者中国，但全球资本主义绝不会由于欧美的衰败而消失，所以在未来的中心无论在哪里，其依然为世界体系的核心。笔者认为世界体系理论应该放眼全球，并非局限于欧洲中心理论，人们应当运用整体主义的分析方法，也就是具有世界性的视野以及全球性的眼光。

参考文献

1. 普通图书

[1] 马克思恩格斯选集：第 1 卷 [M]. 北京：人民出版社，1995.

[2] 马克思恩格斯选集：第 2 卷 [M]. 北京：人民出版社，1995.

[3] 马克思恩格斯选集：第 3 卷 [M]. 北京：人民出版社，1995.

[4] 马克思恩格斯选集：第 4 卷 [M]. 北京：人民出版社，1995.

[5] 马克思恩格斯全集：第 19 卷 [M]. 北京：人民出版社，1965.

[6] 马克思恩格斯全集：第 25 卷 [M]. 北京：人民出版社，1975.

[7] 马克思恩格斯全集：第 46 卷上册 [M]. 北京：人民出版社，1979.

[8] 马克思恩格斯选集：第 3 卷 [M]. 北京：人民出版社，1972.

[9] 列宁选集：第 4 卷 [M]. 北京：人民出版社，1965.

[10] 资本论：第 1 卷法文版 [M]. 北京：中国社会科学出版社，1983.

[11] 米路斯·尼科利奇. 处在 21 世纪前夜的社会主义 [M]. 重庆：重庆出版社，1989.

[12] 杰弗里·帕克. 二十世纪的西方地理政治思想 [M]. 北京：解放军出版社，1992.

[13] 沃勒斯坦. 现代世界体系：第 1 卷 [M]. 尤来寅，路爱国等译. 北京：高等教育出版社，1998.

[14] 安东尼·吉登斯. 民族－国家与暴力 [M]. 胡宗泽，赵力涛译. 北京：三联书店，1998.

[15] 俞可平. 全球化时代的"社会主义"——九十年代国外社会主义述评 [M]. 北京：中央编译出版社，1998.

[16] 张雷声. 寻求独立、平等与发展 [M]. 北京：中国人民大学出版社，1998.

[17] 沃勒斯坦·历史资本主义 [M]. 北京：社会科学文献出版社，1999.

[18] 吉登斯·民族——国家与暴力 [M]. 胡宗泽等译，上海：三联书店，1998.

[19] 王正毅. 世界体系论与中国 [M]. 北京：商务印书馆，2000：44.

[20] 伊曼纽尔·沃勒斯坦. 历史资本主义 [M]. 北京：社会科学文献出版社，1999.

[21] 伊曼纽尔·沃勒斯坦. 沃勒斯坦精粹 [M]. 南京：南京大学出版，2003.

[22] 安东尼·吉登斯. 现代性的后果 [M]. 南京：译林出版社，2000.

[23] 乔万尼·阿里吉等著：东亚的复兴：以 500 年、150 年和 50 年为视角 [M]. 马援译，北京：社会科学文献出版社，2006.

[24] 乔万尼·阿瑞吉、B.J.西尔弗等著.《现代世界体系的混沌与治理》[M].王宇洁译,北京:生活·读书·新知三联书店,2006.

[25] 乔万尼·阿里吉著:《亚当·斯密在北京:21世纪的谱系》[M].路爱国、黄平、许安结译,北京:社会科学文献出版社,2009.

[26]A.G.弗兰克、B.K.吉尔斯主编:《世界体系:500年还是5000年?》[M].郝名玮译,北京:社会科学文献出版社,2004.

[27]A.G.弗兰克著:《依附性积累与不发达》[M].高铄、高戈译,南京:译林出版社,1999.

[28]A.G.弗兰克著:《白银资本:重视经济全球化中的东方》[M].刘北成译,北京:中央编译出版社,2005.

[29] 江华著:《世界体系理论研究》[M].上海三联书店,2007.

[30] 曾枝盛主编:《国外学者对马克思主义若干问题的最新研究》[M].北京:中国人民大学出版社,2006.

[31] 周穗明等著:《20世纪西方新马克思主义发展史》[M].北京:学习出版社,2004.

[32] 曾枝盛著:《20世纪末国外马克思主义纲要》[M].北京:中国人民大学出版社,1998.

[33] 乔·埃尔斯特著:《理解马克思》[M].何怀远等译,北京:中国人民大学出版社,2008.

[34] 王正毅.世界体系论与中国[M].北京:商务印书馆,2000:44.

[35] 伊曼纽尔·沃勒斯坦著:《历史资本主义》[M].北京:社会科学文献出版社,1999.

2. 期刊中析出的文献

[1] 吴苑华."世界体系的马克思主义研究"述评[J].马克思主义研究,2011.2.

[2] 吴苑华.简述"世界体系的马克思主义"思潮[J].当代国外马克思主义评论,2009.

[3] 吴苑华.世界体系视野中的马克思理论——乔万尼·阿瑞吉对马克思理论的理解[J].华侨大学学报(哲学社会科学版),2014.

[4] 吴苑华.反体系运动:性质、困境与出路——以阿瑞吉的理论为切入点[J].华侨大学学报(哲学社会科学版),2011.

[5] 胡键从个体的资本到世界联系的体系——关于马克思恩格斯世界体系理论的研究[J].社会科学,2013.

[6] 阎静,周五一.马克思主义与现代西方世界体系理论[J].江西行政学院学报,2005.

[7] 江华.世界体系论的马克思主义源流 [J].中共浙江省委党校学报,2005.

[8] 张晶.论世界体系理论的马克思主义思想源流 [J].经济师,2010.

[9] 焦建华.从马克思主义看世界体系理论 [J].理论与改革,2003.

[10] 梁健欣.论世界体系:从马克思、列宁到沃勒斯坦 [J].理论界,2013.

[11] 程平.马克思"世界历史"理论体系的建构 [J].安徽大学学报(哲学社会科学版),2008.

[12] 张时佳.世界体系的马克思主义刍议 [J].理论学刊,2009.03.

[13] 苏丽亚.沃勒斯坦世界体系理论剖析 [J].安顺学院学报,2013.

[14] 吴苑华.回归东方:世界体系的中心转移——乔万尼·阿瑞吉的世界体系理论析评 [J].华侨大学学报(哲学社会科学版),2013.

[15] 胡朝.走向整体的世界——浅析马克思的世界历史理论与沃勒斯坦的世界体系理论之异同 [J].齐齐哈尔大学学报(哲学社会科学版),2011.

[16] 林爽.沃勒斯坦世界体系理论的价值及其困境 [J].学术交流,2011.

[17] 程同顺.沃勒斯坦的世界体系论 [J].教学与研究,1999.

[18] 李艳林.世界体系理论的渊源及影响 [J].福建论坛(人文社会科学版),2007.

[19] 施维.沃勒斯坦世界体系理论综述及思考 [J].长江论坛,2007.

[20] 张晶.沃勒斯坦"世界体系"概念的解析 [J].长春大学学报,2010.

[21] 韦定广.创造与贡献:世界体系视域中的"中国道路" [J].社会科学,2010.

[22] 大卫·兰恩,潘兴明,李贵梅.世界体系中的后苏联国家:欧盟新成员国、独联体成员国和中国之比较 [J].俄罗斯研究,2010.

[23] 胡欣.世界体系中的中国与美国:冲突和合作 [J].世界经济与政治论坛,2002.

[24] 孟春雷,赵磊.世界体系中的中国——历史进程与现实走向 [J].江西行政学院学报,2004.

[25] 董婷婷,亓志峰.从世界体系理论角度分析中国在当今世界的地位 [J].边疆经济与文化,2014.

[26] 梁博雅.通过"世界体系论"看中国经济发展 [J].知识经济,2014.

[27] 张建新.大国崛起与世界体系变革——世界体系理论的视角 [J].国际观察,2011.

[28] 高峰.中国经济快步融入世界体系 [J].上海企业,2016.

[29] 张幼文,梁军.中国发展对世界经济体系的影响 [J].世界经济研究,2006.

[30] 李平,张庆昌.中国在世界创新体系中的定位——兼论创新策略选择 [J].山东理工大学学报(社会科学版),2008.

[31] 王正毅.世界经济、历史体系与文明—评沃勒斯坦的"世界体系论" [J].中国书评,1996.

[32] 伊曼纽尔·沃勒斯坦.世界经济政治学—国家、社会主义运动与文化 [J].国外社会科学，1985.

[33] 伊曼纽尔·沃勒斯坦.世界体系分析法 [J].国外社会科学快讯，1992.

[34] 王宏周."西方马克思主义者的阶级结构理论".《国外社会科学》[J]，1980, (11).

[35] 张向军、李田贵："沃勒斯坦世界体系论与中国的和平发展理念".《当代世界与社会主义》[J]，2005.

[36] 杨雪冬："沃勒斯坦论作为一种文明的现代世界体系".《马克思主义与现实》[J]，1997.

[37] 黄贵荣."整合与分化：世界体系研究理论评析".《江苏教育学院学报》[J]，2003, (4).

[38] 龙向阳."世界体系思想的流派与评论".《暨南学报》[J]，2004, (1).

[39] 任洪生、柳彦："资本主义生产贸易体系与现代世界体系理论比较".《教学与研究》[J]，2002, (5).

[40] 范宝舟."经济交往与世界体系".《学术论坛》[J]，2002, (2).

[41] 赵自勇."资本主义与现代世界".《史学理论研究》[J]，1996, (4).

[42] 江华."解构学科的神话".《西南师范大学学报》[J]，2005, (3).

[43] 江华."沃勒斯坦的资本积累论评析".《教学与研究》[J]，2005, (4).

[44] 江华."沃勒斯坦的整体论研究".《现代哲学》[J]，2005, (4).

[45] 江华."耗散结构论与世界体系分析".《自然辩证法研究》[J]，2005, (6).

[46] 江华."折衷与综合：世界体系理论对马克思主义的继承".《温州师范学院学报》[J]，2005, (6).

[47] 张雪."马克思的世界历史理论及其在当代中国的意义".《沈阳教育学院学报》[J]，2006, (2).

[48] 赵景峰："论资本主义世界经济体的历史逻辑".《北京行政学院学报》[J]，2004, (4).

[49] 文军."90 年代西方社会学视域中的全球化理论评析".《开放时代》[J]，1999, (6).

[50][美]J.拉塞尔："辩证法与阶级分析".黄振定摘译.《国外社会科学》[J]，1982, (3).

3. 外文文献

[1]Immanuel Wallerstein, After Liberalism, New York; The New Press, 1995.

[2]Immanuel Wallerstein.The Capitalist World Economy.Cambridge:Cambridge University Press1991 ,Perface.

[3]Immanuel Wallerstein.The Politics of the World-economy:The states, the movements, and the civilizations.

[4]Immanuel Wallerstein, Geopolitics and Geoculture:Essags on the changing World-System.

CambridgeUnive-rsitypress1991.

[5]A.GunderFrank,Crisis:intheThirdWorld,HolmesandMeierPub — lishers,1981.

[6]A.Gorz,Capitalism,Socialism,Ecology,London,1994.

[7]B.Agger,ACriticalTheoryofPublicLife,TheFalmerPress,1991.

[8]ImmanuelWallerstein,TheEndoftheWorldasWeKnowIt:SocialSciencefortheTwenty-First Cent ury,UniversityofMinnesotaPress,1999.

[9]ImmanuelWallerstein,ThePoliticsoftheWorld-Economy,CambridgeUniversityPress,1984.

[10]ImmanuelWallerstein,World-SystemAnalysis:AnIntroduction,DukeUniversityPress,2004.

[11]ImmanuelWallerstein,HistoricalCapitalism,London:Verso,1983.

[12]ImmanuelWallerstein,AfterLiberalism,NewYork,TheNewPress,1996.

[14]J.A.Schumpeter,ImperialismandSocialClass,NewYork:Meridian,1951.

[15]JohnMarkoff,WavesofDemocracy:SocialMovementsandPoliticalChangeThousandOaks,Calif.: PineForgePress,1996.

[16]KarlMarx,Capital,Vol. I ,Moscow:ForeignLanguagesPublishingHouse,1959.

[17]K.P.MoseleyandI.Wallerstein,PrecapitalistSocialStructres,AnnualReviewofSociology,1978.

[18]KarlPolanyi,TheGreatTransformation:ThePoliticalandEconomicOriginsofOurTime,Boston:Be aconPress,1957.

[19]T.Skocpol,Wallerstein's WorldCapitalistSystem:ATheoreticalandHistoricalCritique,American JournalofSiociology,Vol.82,No.5,1977.

[20]T.R.Shannon,AnIntroductiontotheWorld-SystemPerspective,WestviewPress,1996.

[21]W.HollistandJ.Rodenau,World-SystemStructure:ContinuityandChange,SagePublicatio ns,1981.

[22]WilliamMcNeill,Wallerstein's VisionofPastandFuture,DiplomaticHistory,Vol.18,Issue1,1994.

[23]W.R.Thompson,ContendingApproachestoWorldSystemAnalysis,SagePublications,1993.

[24]WallersteinandRrrighi,UnequalExchange,NewYork:MonthlRe-viewPress,1972.

[25]DavidHarvey,SpaceofHope， Berkeley,CA,UniversityofCaliforniaPress,2000.

[26]E.Wright,ToBeRichIsGlorious,WorldPressReview,41.7,1994.

[27]H.Marcuse,ReasonandRevolution,London,1977.

后 记

　　三年的博士生生活一晃而过，岁月如梭学业如歌，论文即将完成之日，感慨良多。教诲如春风，师恩深似海。首先诚挚地感谢我的恩师贾中海教授，老师渊博的专业知识、严谨求实的治学态度、诲人不倦的学者精神、平易近人的作风，为我树立了学习的典范，他的鞭策和教诲将激励我在学术的道路上励精图治，开拓创新。从导师身上，我不仅学到了专业领域知识，也学习到对学生认真负责的态度、对学术研究精益求精、严谨的学术研究方式以及敏锐的洞察力，这些都是我学习的榜样。师恩难忘，在此我要向我的导师致以最诚挚的谢意和敬意。

　　在三年学习生涯中，特别感谢穆艳杰教授、赵海月教授，同时感谢为我们授课的各位老师，感谢他们在专业知识方面对我的培养，感谢各位老师在论文写作中给我的专业有价值的意见与建议，还感谢各位老师对我给予的无私的关怀，再次感谢他们。

　　感谢我的师姐初丹、韩冰、庄惠惠，师妹祁靖贻。感谢汤先萍、陈延华、潘雁、关振国、张立明、陈肖舒、贾晓旭等同窗好友，这三年一路相伴走来，共同见证了我们彼此的成长，收获了我们最宝贵的人生财富，感谢你们的陪伴和帮助。

　　最后，谨以此文献给我的父母及家人，他们在背后默默地支持是我前进的动力。在此，祝愿他们身体健康，心情愉快。

　　三年美好的时光，磨砺青春定位人生，离开学校，开始一个全新的起点，但无论走到哪里我都不会忘记母校，不会忘记大家给予我的帮助。衷心祝福母校不断发展壮大、欣欣向荣，祝福我的老师们工作顺利、幸福安康！